JN101928

客室乗務員はなぜ寄り添うことができるのか

上質なホスピタリティサービスを提供する

「察しのスキル」

森　きょうか

晃洋書房

はしがき

　人はどのような時にホスピタリティサービスを受けたと感じるのだろうか。ホスピタリティサービスとは、思いやりに溢れたサービスであり、心からのもてなしであると理解していても、顧客がどのようなサービスに喜びや感動を感じるのかは、一人ひとりの置かれた状況に応じて変化する。人それぞれ好みが異なるため、家族や友人以外の他者に、実際のところどのような接客をしたら良いのかと悩むことがあるだろう。

　例えば、特別な記念日を家族で祝うために飲食店を利用した時に、入口から離れた眺望の良い座席を用意されて、サプライズでケーキを提供されて祝ってくれた。宿泊施設で高齢者の家族と子ども連れの宿泊の際に、状況に合わせていつもより良い部屋に変更してくれた。また、2回目に行ったお店で、過去の会話を記憶していて、お得意さまのように名前で呼ばれ、歓待されて嬉しかった経験などもあるだろう。ホスピタリティサービス組織のフロントラインスタッフが「自分が顧客だったら、どのように感じるのか」、「どのように対応してもらえたら嬉しいのか」と顧客の気持ちに寄り添い、心の距離を近づけて、個々に合わせた対応を自在に変えることで、「私のことを理解してくれている」、

「特別なもてなしを受けている」と感じるようになる。このように顧客を思いやるフロントラインスタッフの細やかな配慮に基づくさりげないサービス行動が、顧客に小さな感動と安心感をもたらし、こうした行動の積み重ねが、期待以上のサービスとして心に残り、最上のもてなしを受けていると感じるようになる。そして、顧客満足感を満たし、強い感動が生まれ、サービス組織のフロントラインスタッフと顧客との持続可能な信頼関係を高め、顧客が再度利用したいと思う契機になる。このように、ホスピタリティサービスの実践には、顧客に最も近いところで接客するフロントラインスタッフのサービスエンカウンターにおける、サービススキルが重要なカギとなる。ホスピタリティサービスを上手く実践する人には共通した特徴がある。それは、「察しのスキル」を上手く用いていることである。

本書の目的は、ホスピタリティサービス創出のメカニズムの解明であり、ホスピタリティサービスを提供するための、卓越した接客スキルである「察しのスキル」の獲得方法について紹介した、先例がない著書である。

本書では、日本文化独自の茶の湯のもてなしに見られる「察し」の行動を、サービスの現場で直に顧客と関わるフロントラインスタッフ（宿泊・飲食業、観光・運輸業、医療・福祉業、教育や学習支援等に携わる接客スタッフ）が、ホスピタリティサービスを提供するサービススキルと位置付けて、本書で初めて「察しのスキル」として概念化して、新たに言語化した唯一無二の用語である。本書のデータは、ホスピタリティマネジメントの最前線で、上質なホスピタリティサービスを目指す、航空会社の13名の表彰歴のある客室乗務員のインタビュー調査のデータを豊富に取り入れて紹介している。ホスピタリティサービスを提供する組織の現状を確認することで、客室乗務員はどのようにして「察しのスキル」を形成するのかを明らかにする。

本書は、航空会社を舞台にしているが、日常の生活や職場における場面で役に立つ「察しのスキル」が豊富に用いられており、家族や友人、職場の仲間など、様々な人との良好な対人関係の確立に役に立つ、「察しのスキル」の事例を余すことなく紹介している。本書で紹介する「察しのスキル」を応用して、生活に活かすことができれば、相手の心にさりげなく寄り添うことができるようになるだろう。

「察しのスキル」を獲得する人は、目の前にいる顧客の心の内を瞬時に推察して、その思いを的確に判断して臨機応変に対応し、共に喜びと感動を分かち合うことが出来る人である。それには、細やかな「目配り」、先を見通す「気配り」、感動をもたらす「心配り」が、「察しのスキル」の形成を促す重要な要因として機能している。また、高い利他的志向から一人ひとりの顧客の目線に立ち、相手の身になって考え、その思いを柔軟に受け入れて、大切な家族のように顧客に深く寄り添うことが出来る人である。「察しのスキル」の獲得には、実践的な現場において、これらのスキルを実践しつつ、日々あらゆる場面で上手く用いて、サービス経験を重ねることが「察しのスキル」の形成を深化させる。

２０２０年に新型コロナウイルスの感染が拡大し、初めての緊急事態宣言が出されて、行動が制限され、従来の行動様式は変更せざるを得なくなり、人々はかつてないような経験をした。対面型のサービス業においては、サービスを受ける場での規制も多く、マスクの着用、飲食の場での時間や人数制限など、非常に大きな影響を受けた。最近は、コロナ感染も落ち着いて行動の制限を行わず、外食産業、観光業、宿泊業などの様々なサービス業において回復の兆しを見せ、コロナ禍以前の水準に戻りつつある。ようやくウィズコロナの時期に入り、人々の行動や意識に変化が生じて、ホスピタリティサービスは、いっそう上質なサービスの象徴として広がりを見せ、顧客を家族のように大切な人と捉えて、心に深く寄り添い、感動や喜びを分け合う、ホスピタリティ溢れるサービスの提供とそれを実践するフロントラインスタッフの「察しのスキル」が必要とされる。

本書をきっかけとして、ホスピタリティサービスに関心を持つ研究者やホスピタリティサービス組織に就職を希望する学生、経営層や人事担当者、実践的な現場で上質なホスピタリティサービスを目指すチームリーダーなど、ホスピタリティサービスの実践には、「自分に何ができるだろうか」と悩める全ての人々の一助となることを願っている。

目　次

はしがき

序章　「察しのスキル」の本質 ―― 1

1　本書の目的　(1)
2　客室乗務員の「察しのスキル」創造のメカニズムを解き明かす　(4)
3　客室乗務員の「察しのスキル」獲得の全貌　(8)

第1章　ホスピタリティサービスの実践のカギとなる「察しのスキル」 ―― 13

1　サービス・イノベーションとは　(13)
2　ホスピタリティサービスとは　(15)
3　「察し」とは　(20)

第1章のまとめ (27)

第2章
「察しのスキル」を形成する客室乗務員の実像 ―― 30
1 入社前の実像 (どのような学生生活か) (31)
2 入社後の実像 (どのような社会人生活か) (34)
第2章のまとめ (37)

第3章
「察しのスキル」を形成する人を育てる ―― 38
1 客室乗務員の「察しのスキル」形成の学習モデル (39)
2 「察しのスキル」形成を促進する職場のサポート (42)
3 「察しのスキル」を構成する3つのスキル (46)
4 「察しのスキル」を生み出すフロントラインスタッフの効果的な5つの行動 (47)
5 「察しのスキル」を育む職場環境を構築する4つの行動 (51)

第3章のまとめ　(55)

第4章
航空会社の最前線
——国際線フライトに乗務する客室乗務員——　59
1　客室乗務員の基本業務　(59)
2　客室乗務員の機内サービスと「察しのスキル」　(61)
3　国際線フライトの業務　(63)
4　客室乗務員の航空会社の職場環境　(66)

第5章
客室乗務員の「察しのスキル」形成の学習プロセスを促進する10の乗務経験　68
1　ルーティン型察し学習期　(69)
2　ルーティン型察し形成期　(76)
3　非ルーティン型察し形成期　(80)
第5章のまとめ　(87)

第6章 客室乗務員の「察しのスキル」形成を促す職場のサポート —— 89

1 ルーティン型察しのスキル形成を促す「察しのスキルサポート」（90）
2 非ルーティン型察しのスキル形成を促す「対人配慮サポート」（118）
第6章のまとめ（126）

終章 「察しのスキル」の展望 —— 129

1 客室乗務員はどのように「察しのスキル」を獲得しているのか（129）
2 ホスピタリティサービス創出のメカニズムへの貢献（138）
3 察しのスキル創造への課題（141）

あとがき（145）
参考文献
索引

序章 「察しのスキル」の本質

1 本書の目的

本書は、上質なサービスを提供する航空会社の客室乗務員のホスピタリティサービスに着目し、日本文化独自のホスピタリティの概念である「察し」をサービスの実践的な接客スキルと位置付けて、客室乗務員が乗務経験を通して「察しのスキル」を形成する学習プロセスとその形成を促進する職場の支援要因を明らかにすることを目的としている。

現在の日本の主要産業となったサービス組織(1)では、ホスピタリティマネジメントにおける、フロントラインスタッフの品質の高いサービスを実践するプロフェッショナルなサービススキルが必要とされている。その背景には、顧客のニーズの多様化、グローバル化、フロントラインスタッフの知識やスキルの高度化など、サービス業界を取り巻く環境の変化やホスピタリティサービスに対する顧客の価値観の多様化に伴い、個々の顧客の要望にきめ細やかに対応する、フロントラインスタッフのサービススキル獲得のプロセスの解明が重要な課題となっている。こうした状況を踏まえ、２００７年から経済産業省が、サービス・イノベーションの促進に向けた取り組みを行っている。サービス・イノベーションの目的は、フロントラインスタッフの接客スキルの品質を高め、顧客を深く満足させる上質なサービスの提供の仕組みを作ることが挙げられている［近藤 2012］。だが、サービスの無形性という本質から、ホスピタリティサービスの実践は、フロントラインスタッフ個人の経験や知識に依存する傾向が強く、これまでサービス提供の仕組みやそれを実践するサービススキルについてこれまで十分に検討されていなかった。

航空会社のサービスに関する研究では、客室乗務員はじめとするフロントラインスタッフと乗客とのサービスエンカウンターの場における、客室乗務員のサービススキルが顧客満足に影響を及ぼすことが明らかにされている［Riddle 1992; Strombeck and Wakefield 2008；野村 2010］。例えば、客室乗務員の対人関係の質（quality of interpersonal relationship）が、顧客満足感を決定する重要な要因であり［Riddle 1992］、客室乗務員の個人的な配慮（personal attention）や個々の乗客の期待や要望に対応したサービスによって、顧客満足度が高まることが報告されている［Schmitt and Pan 1994］。このように、航空会社では乗客と接する機会の多い客室乗務員が、乗客の置かれた状況を的確に判断して、相手から求められる前に、サービスを実践する接客能力が求められている［Riddle 1992; Schmitt and Pan 1994；樫村・古屋 2010；野村 2010]。こうした、客室乗務員の職務スキルには、日本文化独自の茶の湯のもてなしに見られる「察し」が関係すると考えられる。

茶道の精神を継承した茶の湯のもてなしでは、客人に気を遣わせないという亭主の心配りから、そのもてなしをあらわに主張せず、客人が気付く前にさりげなくもてなすことが最上のもてなしであるとされており［千 2001］、こうした茶の湯のもてなしに見られる「察し」の行動が、客室乗務員のホスピタリティサービスを実践するサービススキルになると考えられる。

Travis［1998］は、日本文化の独自の概念である「察し」と「思いやり」の関係性に着目し、「察し」は日本文化の「思いやり」に基づく概念で、欧米における「思いやり」の意味を示す sympathy や empathy には含まれない要素であると言及している。また、内田・北山［2001］によると、日本では、「察し」は「思いやり」を定義する際に重視される概念で、日本文化独自のホスピタリティの概念であると述べている。また、「察し」は日本文化特有のコミュニケーションの手法として発達し、円滑な対人関係の維持に重要なコミュニケーションのツールであることが指摘されている［Ishii 1984；手塚 1995；林 1994；石黒 2006]。

このように、ホスピタリティサービスの実践には、乗客に一番近いところで対応する客室乗務員の職務スキルとしての「察し」が必要であると考えられるが、「察し」を上質なホスピタリティサービスの実践に関わる接客スキルと位置付けて、「察しのスキル」がどのように形成されるのかについて検証することが重要である。しかし、実際にはそのような視点に立つ研究は今のところ見当たらない。

そこで本書では、航空業界の最前線で働く13名の表彰歴のある客室乗務員を事例として取り上げ、インタビュー調査の結果から明らかになった、「察しのスキル」を創造する条件とメカニズムの解明を試みる。そして航空機内という特殊な空間で起きる客室乗務員の乗務経験を通して、上司、同僚、乗客の多様な交流の場で見えてくる、「察しのスキル」の獲得法について紹介する。

2 客室乗務員の「察しのスキル」創造のメカニズムを解き明かす

本書では、客室乗務員の「察しのスキル」形成の学習プロセスとその形成を促進する職場のサポート要因を明らかにする。日々の乗務経験を通して、客室乗務員の「察しのスキル」を形成するプロセスを明らかにし、「察しのスキル」形成の学習モデルを提示して、「察しのスキル」獲得の実践知を余すことなく紹介する。

本書のデータは、航空会社に勤務する中堅およびそれ以上の勤務歴を持つ13名の客室乗務員[2]を対象に定性調査の結果明らかになった知見である。その内訳は、女性10名および男性3名で、平均勤続年数は19年で、対象とした客室乗務員は、表彰等の経験があるかを基準として選定し、類似する経験、または反証となる経験を持つ他の客室乗務員を紹介してもらうように依頼し、調査対象の範囲を広げ

表1　インタビュー調査対象者一覧

調査対象者	勤続年数	新卒・中途	他の職種経験	職種内容
A	19	中途	航空会社	客室乗務員
B	22	新卒	無	無
C	21	中途	航空会社	客室乗務員
D	21	中途	会社員	営業事務
E	20	新卒	無	無
F	15	中途	航空会社	地上職員
G	14	中途	航空会社	客室乗務員
H	23	中途	航空会社	客室乗務員
I	20	中途	航空会社	地上職員
J	19	中途	会社員	営業事務
K	25	新卒	無	無
L	15	新卒	無	無
M	21	新卒	無	無

出所：森〔2019〕

た。調査対象者の属性については、表1に示すとおりである。

国際線の長距離フライトで、個々の乗客に満足感を高めようとホスピタリティサービスを提供する、高度3万フィートの特殊な環境下での、多岐にわたる乗務経験の出来事を通じて、上司、同僚、乗客による様々な職場のサポートを受けて、「察しのスキル」の成長を促進する学習モデルを紹介する。

（1）インタビュー内容

インタビューは、2017年11月から2018年7月にかけて、調査期間は約9か月をかけ、半構造化面接[3]による回顧式インタビュー調査法に基づいて行った。インタビューに要した時間は、1時間から2時間程度で、事前の面接に際して、調査対象者に倫理的配慮の説明を行い、調査回答者の承諾を得てICレコーダーで録音し、得られたデータは全て文字テキストとして起こした。なお、Ericsson and Simon［1993］は、回顧式インタビューの方法に関してデータの信頼性に問題がある点が指摘されているが、近年では、ナラティブは個人の認知的過程を知るうえで有用であり、データとして活用する意義があることが論じられている［中島 2006］。インタビューでは、乗務経験を通じた客室乗務員の「察しのスキル形成」の学習プロセスおよび「察しのスキル」形成を促進する職場のサポート要因を明らかにするために、主に以下の5点を中心にインタビューを行った。

まず、航空会社の客室乗務員の働き方の現状を把握するために（a）客室乗務員の業務内容、（b）航空会社の職場環境について調査を実施した。

次に、乗務経験を通じた「察しのスキル」を形成する客室乗務員の「察しのスキル」形成の学習プロセス、スキル形成を促進する上司、同僚、顧客による職場のサポートについて実施した調査の内容は、（c）入社から現在に至る経歴の概要、（d）乗務経験の中で、顧客に行った印象に残る「察し」、それを実践した時期（初期・最近）に関するものである。（e）では、（d）における「察しのスキル」の形成を促進した出来事と、その際の心境や行動面での変化について自由に語ってもらった。なお、「察しのスキル」形成を促進した出来事を想起してもらうために、「嬉しかったこと」、「大変だったこと」、「印象に残っている出来事」、「成長したと感じた瞬間」、「忘れられない失敗」などの想起のポイントを示した。また、できる限り正直に回答してもらうために、完全な守秘義務を約束し、本書に登場する組織、チーム、個人を特定できる情報には変更を加えている。世界を駆け巡る客室乗務員の様々な乗務経験から得られたデータは、どのような研究者も享受できなかった唯一無二の貴重なものである。

(2) 分析方法

インタビューデータを分析するための方法は、修正版グラウンデッド・セオリー・アプローチ(Modified Grounded Theory Approach: M-GTA)〔木下 1999、2003、2007a、2007b〕を用いている。M-GTA は、社会的相互作用に関係した、オリジナル版のグラウンデッド・セオリー・アプローチ〔Glaser and Strauss 1967〕の特性を活用し、人間行動のプロセスに関する説明と予測に有効で、社会的データに密着した分析から、限定された範囲内における説明力に優れた理論〔木下 2003〕であり、データから帰納的に理論生成するため、先行研究の少ない分野で研究を行うのに適した質的研究方法である〔Eisenhardt 1989; Strauss and Corbin 1998〕。

3 客室乗務員の「察しのスキル」獲得の全貌

本書は、ホスピタリティサービスの具現化という観点から、サービス組織における既存の「ルーティン型サービス」（日常的なサービス業務）のスキルを向上させ、「察しのスキル」形成の学習プロセスとそのスキル形成を促進する、上司、同僚、乗客による職場のサポートの要因について明らかにする。日本文化独自の概念である「察し」を、上質なホスピタリティサービスを実践する専門性の高い接客スキルと捉えて、フロントラインスタッフの「察しのスキル」の獲得法について解説する。さらに、航空会社の内部に深く潜り込み、航空機内という限られた空間から見えてくる、客室乗務員の基本業務や機内サービスの実態について掘り下げ、航空会社の職場環境について詳しく紹介していく。

また、本書では、サービス組織で働く従業者が、ホスピタリティサービスを実践する、「察しのスキル」形成に役立つ基本的な行動と条件について詳しく説明する。

本書は、筆者が同志社大学大学院総合政策科学研究科に提出した博士学位論文「航空会社のホスピタリティ――察しのスキル形成に関する研究――」（2021年・3月）を基に、その後の研究成果を加えて修正し、再構成したものである。本書は、顧客の心に寄り添うサービスの実践を目指し、フロントラインスタッフの「察しのスキル」の創造には、主に豊富な職務経験と職場の「重要な他者（significant others)」の関係性支援(4)が重要になるという理解を深め、また、ホスピタリティサービスに関わる組織のマネジメントや人事担当者にとっては、「察しのスキル」を獲得する人材育成の学習ツールとなり、「察しのスキル」を生み出すサポート体制を見直す際の指針となることを目指している。本書をきっかけとして、ホスピタリティサービス組織のフロントラインスタッフが「察しのスキル」の形成に前向きに挑戦するようになり、上質なホスピタリティサービスを提供する人々や組織が増えれば幸いである。

第1章では、サービス・イノベーションとそれに関わる「ホスピタリティサービス」と「察し」の概念に焦点を当てる。サービス・イノベーションが目的とする卓越したサービスに関する問題点を考察し、「ホスピタリティ」および「サービス」について、これまでの研究を確認して、これらの概念を融合しつつ、本書における「ホスピタリティサービス」の定義とその位置付けを説明する。加えて、「察し」に関する先行研究から「察し」の概念を確認して、「察しのスキル」を定義付ける。そして、ホスピタリティサービスの実践には、サービススキルとしての「察し」を獲得することが喫緊の課題となっていることを示す。

第2章では、「察しのスキル」を獲得する客室乗務員はどのような人なのか、客室乗務員のインタビュー調査結果の知見を織り交ぜながらその実像に迫る。「察しのスキル」を獲得する客室乗務員は、どのような学生生活や入社後のキャリアを歩んできたのだろうか。また、「察しのスキル」を形成する入社後初期の客室乗務員が、どのような思考や行動特性を持っているかについて独自調査をもとに解き明かす。

第３章では、客室乗務員はどのような条件下で「察しのスキル」を形成するようになるのか考察する。ここでは、乗務経験を通した「察しのスキル」形成の学習プロセスを促進し、「察しのスキル」を獲得へと導く人材育成に必要なポイントについて明らかにする。具体的には**「察しのスキル」形成の学習モデル、「察しのスキル」形成を促す職場のサポート、「察しのスキル」を構成する３つのスキル、「察しのスキル」を生み出すフロントラインスタッフの効果的な５つの行動、「察しのスキル」を育む職場環境の構築に必要な４つの行動**について詳しく説明する。

第４章では、「察しのスキル」を生み出す人材を育成する航空会社の職場環境に着目し、その最前線に迫る。航空会社のマネジメントと国際線に乗務する客室乗務員の独自のインタビュー調査の結果から得られたデータである。客室乗務員の基本業務（保安業務とサービス提供業務）をはじめ、国際線フライトの機内サービス、航空会社特有の職場環境の事例を詳しく紹介しており、「察しのスキル」を形成する人材育成を促すエッセンスを豊富に盛り込んでいる。航空会社に就職を目指す人の参考になるだろう。

第５章では、ホスピタリティサービスの実践を目指す航空会社の13名の客室乗務員の日々の乗務経験に目を向ける。客室乗務員の乗務経験が「察しのスキル」形成に関わるひとつの要因である可能性を示し、「察しのスキル」形成を学習するプロセスと「察しのスキル」を獲得へと導く学習モデルを提示する。本章は、筆者の既に公表された論文「職務経験を通じた察しのスキル学習プロセスに関する事例研究――航空会社の客室乗務員に着目して――」（２０１９年・８月）の発行されたものであるが、執筆にあたり、読みやすさを重視しており、分析結果の一部を書き直している。詳細については、初出を確認していただきたい。

第６章では、上司、同僚、乗客の「重要な他者」による「察しのスキル」形成を促進する職場のサポートに焦点を当てる。客室乗務員の「察しのスキル」形成の促進には、「重要な他者」の関係性支援が「察しのスキル」形成を成功へと導くカギとなる。また、「察しのスキル」を形成する人がつまずくポイントについても触れる。「察しのスキル」形成を促進する出来事を余すことなく紹介して、「察しのスキル」形成を育む航空会社の職場環境および組織文化がいかに重要であることを明らかにする。

終章において、「察しのスキル」についての総括を行う。客室乗務員の乗務経験を通じた「察しのスキル形成」の学習モデル、「察しのスキル」形成を促す職場の「重要な他者」の職場のサポートについて、研究の結果から引き出された、新たな知見および本書の成果を明らかにすると同時にその課題を提示する。

注

（1）２０１７年度の国民経済計算年次推計によると、経済活動別（産業別）のＧＤＰ構成比に占める第3次産業の割合は72・1%を占め、その中でサービス業界に従事する労働者数は全体の75%を示した。

（2）調査対象者として中堅以上とされる社員を選択した理由は、一通りの経験を積み、職務経験による「察しのスキル」が一定の水準以上習得されていると想定されるからである。したがって、「察しのスキル」が獲得されていないと考えられる新人社員は対象外とした。上記の条件を満たし、これらの対象者と類似する経験または反証となる経験を持つ他の客室乗務員を紹介してもらうように依頼し、調査対象の範囲を広げた。

（3）あらかじめ決めておいた質問を行い、個別のケースに応じて面接官の自由な裁量で質問を投げかけて対話を深めていく面接手法である。

（4）Ryan and Connel［1989］は、関係性支援における「重要な他者（significant others）」との感情的なつながりが重要であるとし、職場の「重要な他者」との関係性のあり方が行動の価値の内面化に影響を及ぼすことを指摘している。

第1章 ホスピタリティサービスの実践のカギとなる「察しのスキル」

本章では、本書の問題の背景について整理する。日本のサービス組織の現状とこれまで行われてきた研究を概観し、ホスピタリティサービスの創出のメカニズムとそれを具現化する「察しのスキル」を取り巻く現状と課題に焦点を当てる。まず、サービス・イノベーションの目的と現状について先行研究を概観し、それに関わる2つの重要な要因である「ホスピタリティサービス」および「察し」に関する論点に焦点を当て、本書における航空会社の客室乗務員の「ホスピタリティサービス」の定義および「察しのスキル」の定義とその位置付けを説明する。

1 サービス・イノベーションとは

日本のサービス業は、産業界において主要な位置付けへと成長している。だが近年、ホスピタリティサービス組織を取り巻く様々な環境の変化により、品質の高いサービスに対する顧客の期待が高まり、個々の顧客のニーズや思いを汲み取り柔軟に対応する、フロントラインスタッフの接客スキルの解明が競合の要となると考えられる。

Drucker［1955］は、企業の目的は顧客創造であるとし、顧客の重要性を最初に指摘した。Kotler［1980］は、企業の利益は顧客の満足を創造することから得られるべきであると論じている。このように、顧客は企業経営において重要な位置付けにあり、いかにして顧客満足感を高めるかはサービス組織において重要な課題であるといえる。

近年、実践的なサービスの現場では、顧客への迅速かつ正確なサービスを実現するために、マニュアルに基づいたサービスが浸透する一方で、フロントラインスタッフが顧客一人ひとりの要望に対応するサービスの実践が求められている。こうした付加価値の高いサービスは、顧客に高い品質のサービスを個人的に提供されたという心理的満足をもたらし、サービス組織への信頼や感動を高め、組織と顧客との持続可能な関係性の強化につながると考えられる。このように、フロントラインスタッフが上質なホスピタリティサービスを実践するサービススキルを獲得することは重要な意味があると考えられる。

こうしたサービス組織の環境の変化に伴い、経済産業省が指揮を執り、サービス・イノベーションに関する取り組みが行われている。顧客の満足を高めるサービスのメカニズムおよびフロントラインスタッフの接客スキルを高めることを挙げ、明確に求められていない顧客のニーズを自主的に推測してサービスを行うことが必要である［近藤 2012］。だが、サービスの無形性から、ホスピタリティサービスの創出のメカニズムは議論されておらず、これまでフロントラインスタッフの経験や知識に依存されていたため、そのサービス内容は具体的に明確化されず、サービススキルについても十分に検討されていなかった。一方で、上質なサービスを目指す航空会社では、客室乗務員が上質なホスピタリティサービスを実践しており(1)、そのサービス行動の文脈には、日本文化独自のホスピタリティの概念である茶の湯のもてなしに見られる「察し」の行動が関係することが示唆される。

このように、ホスピタリティサービスは、サービスの本質から一般的にフロントラインスタッフの能力や意欲(いよく)に依存すると考えられる傾向が強く、ホスピタリティサービス創出のメカニズムとそれを実践するフロントラインスタッフ個人のサービススキルの解明が必要とされている。

2　ホスピタリティサービスとは

(1)　サービスの概念

Rathmell［1966］は、サービスの概念を人間の行為かつ演技であり、何かを成し遂げようとする努力であると定義し、サービスはモノではなく人の行動であり、有体財ではなく無体財であることが、サービスを考える上で重要であると論じている。Shostack［1977］は、Rathmell［1966］と同様に、サービスを有形および無形かを明確に区切るものではないと言及している。Sasser, Olsen and Wyckof［1978］は、サービスは無形でそのため保存できず、作られると同時に使われるものであるとしている。

経営学の分野では、1980年代に入り、サービスの概念を本格的にマーケティングに取り入れる研究が増え、様々な観点からサービスが定義付けされるようになった。例えば、Vargo and Lusch［2004］は、サービスを行為、パフォーマンス、プロセスを通じて実践される知識やスキルから成る特別な能力で、自己や他者の充足のために行われる行為であると定義付けた。また Kotler and Keller［2006］は、サービスは、一方が他方に対して提供する行為で、その生産には有形財が関わる場合もあれば、関わらない場合もあるが、本質的には無形で何の所有権ももたらさないものであると論じている。このように、サービスはその形態にかかわらず財の性質によって分類され、狭義のサービスとして定義付けられているが、その明確な定義は明らかにされていない。

（2） ホスピタリティの概念

西欧の「ホスピタリティ」の概念は、客人の保護者、主催者、来客、歓待、厚遇を意味するラテン語に由来し、対等な関係であるという主客同一の語意を含んでいるとされる［服部 2004］。「ホスピタリティ」の語源は、ホテルおよび病院と共通しており［山上 2001］、新約聖書の「ローマ人への手紙」には、"Distributing to the necessity of saints; given to hospitality."（貧しい聖徒を助け、努めて旅人をもてなしなさい）と記されており、ホスピタリティは「旅人をもてなす」という意味で用いられていることが指摘されている［古関 2003］。一方で、日本の「ホスピタリティ」の概念は、「もてなし」と訳され、『日本書紀』に由来し、共飲共食によって互いの心が等しくなるという思想に見られることが示されている［服部 2004］。

また、岸田［2011］によると、「ホスピタリティ」の概念には文化的差異があり、西欧における「関係性重視」、日本における「行動性重視」、「精神性重視」の3つに大別され、「ホスピタリティ」の概念については統一化されていないことが指摘されている。日本の「ホスピタリティ」の概念は、「精神性重視」の考え方に基づくものが多く、近年では接客業との関連で数は多くはないが、「行動性重視」の立場があることが示されている。

まず、西欧における「関係性重視」の立場では、ホスピタリティは同時に起こる人的交流であり、互いに幸福な状態になり、よりいっそう幸福になろうと自発的に意図して、寝床、食事、飲み物を提供することである［Brotherton 1999］とされる。Morrison and O'Gorman［2006］は、異なる社会背景や文化を持つ客や初対面の人に対して、慈善的かつ社会的思考、あるいはビジネスとして、やさしさと寛大さをもって、食事や宿泊をする場所を一時的に提供する、主人の心のこもった饗応および歓待であるとされる。Lovelock and Wright［1999］は、顧客をゲストとして扱い、サービス組織との交互作用（interaction）において、顧客のニーズに対応した、きめ細かい、行き届いた快適さを提供することであると指摘している。Lashley〔2000〕は、ホストとゲストの対等な関係性を基本とした、ホストがゲストに満足してほしいという強い願いから、手厚くもてなす敬意であるとしている。このように、西欧における「関係性重視」の立場では、他者への共感、敬愛の念、奉仕の精神、ホストとゲストの対等な関係を基本とする、相手を満足させるための自発的な行為を対象としており、「もてなす」という行為そのものを含んでいることが示されている。加えて、「関係性重視」の考え方では、社会背景および文化等の価値観を越え、より良い人間関係の構築に重点が置かれている。

次に、日本における「行動性重視」の立場では、古閑〔2003〕によると、ホスピタリティは異種の要素を内包している、人間同士の出会いの中で起こるふれあいの行動であり、発展的な人間関係を創造する行為であるとされ、力石〔1997〕は、物事を心および気持ちで受け止め、心から行動することであると定義付けている。また角山〔2005〕によると、報酬は無いが、思いやりのこもったもてなしをする行為、親切な歓待であると指摘されている点から、「行動性重視」の考え方では、人が心や気持ちを表す行為であることが強調されている。

そして、「精神性重視」の立場では、星野〔1991〕は、ホスピタリティは、もてなす側ともてなされる側との間に構成される心理的かつ情緒的な精神世界であり、互いに深い心配りと好意的な意識で心理を交し合うことであるとされる。山上〔2001〕は、良いと思われることを素直に認め、相手と一緒になり、心から感動しつつ、その温かい気持ちを受け入れながら共有し合える姿勢であると論じている。また、安田［2012］によると、日本のもてなしは、人をもてなすことに全てを懸けている。これは茶の湯のもてなしに引き継がれているとされる。服部［2008］は、茶道のもてなしは、日本文化独自のもてなしを体現化したものであると述べている。こうした「精神性重視」の立場を取るホスピタリティの概念は、茶道の精神を起源とした茶の湯のもてなしから継承される、日本文化独自のホスピタリティの概念であるといえる。

このように、ホスピタリティの概念には、西欧における「関係性重視」、日本における「精神性重視」、「行動性重視」の3つの立場があり、その概念は多様化されている。西欧の「ホスピタリティ」の概念は、社会的背景および文化等の価値観を越えて、より良い人間関係の構築を重視する「関係性重視」の立場を取る一方で、日本の「ホスピタリティ」の概念は、数は多くはないが、サービス業や接客業の拡大との関連で、近年「行動性重視」の立場を取る傾向があるが、一方で「精神性重視」の立場を取る茶道の精神に基づく茶の湯のもてなしの考え方を重視する傾向も強く、「ホスピタリティ」の概念の定義は統一化されていない。

以上の点から、ホスピタリティの概念に関して、共通した定義は存在していない点を踏まえ、本書では、航空会社の客室乗務員の「ホスピタリティサービス」を以下のように定義する。

「ホスピタリティサービス」の定義
目の前にいる相手の心の内を汲み取り、その思いを的確に判断して柔軟に受け入れ、大切な家族のように深く寄り添い、共に喜びと感動を分かち合うサービス行動。

3 「察し」とは

(1) 日本文化特有のコミュニケーションとしての「察し」

異文化コミュニケーション研究では、「察し」は日本文化特有のコミュニケーションの手法として位置付けられている［Ishii 1984］。石井［1996a］によると、日本における密接な人間関係では、日本人は他者から「察し」を受けることを期待し、メッセージの言語化に消極的であるため、その場の雰囲気から情報を読み取る「察しのコミュニケーション」が発達してきたとされる。日本人は言語メッセージを発信する際に、メッセージの受け手の物理的かつ心理的環境を考慮し、意図が言外に伝わることを無意識に期待しながらメッセージを送るため、「受け手」は「送り手」の遠慮の結果として生じた曖昧なメッセージを、「察し」によって意味を補い、解釈することが指摘されている［Ishii 1984；石井 1996b］。また、手塚［1995］は、日本人にとって「言わなくてもわかる」ことが理想のコミュニケーションであり、「遠慮」と「察し」には、一方が合わせれば他方も合わせるという相互協調的な関係性があり、「察し」には「遠慮」を補完する役割があるため、日本人のコミュニケーションを効果的にするのは、話し手と聞き手の相互補完であるとされる。林［1994］は、日本人の曖昧な言語表現を説明する概念のひとつとして「察し」を位置付けており、日本人が常に曖昧な言語表現を使うわけではないが、相手に対して心理的あるいは物理的に負担を強いるような状況では、日本人の直接的な物言いを避ける傾向にあることが指摘されている。

また、石黒［2006］によると、「察しのコミュニケーション」によって培われる能力には「推察」、「配慮」、「理解」の3つの要素があることが指摘されている。まず、「推察」は、言語あるいは非言語の状況下において、他者の気持ちを推し測って考え、その意味を汲み取る能力で、「察し」のコミュニケーションの特質のひとつであり、次に「配慮」は、他者の気持ちに対する共感や同情から、他者への思いやりを示すことであり、日本人がコミュニケーションとして身につける他者志向の心理的特質であることが指摘されている。そして「理解」は、他者を取り巻く状況や気持ちを考え、事情を受け入れて理解を示す、状況への理解である。また、「配慮」および「理解」は、日本人特有の他者に対する姿勢の表れであり、「配慮」は対人関係の維持に有用で、多様な状況下におけるコミュニケーションの要因であることが指摘されている。

このように、日本人は他者から「察し」を受けることを期待し、「言わなくてもわかる」ことが理想のコミュニケーションであると考える傾向にあり、その場の雰囲気から情報を読み取る「察しのコミュニケーション」は、日本文化特有のコミュニケーションの手法として発達してきたといえる。

（2）日本文化独自のホスピタリティ──茶の湯のもてなしにおける「察し」──

茶の湯のもてなしは、室町時代に確立された茶道を起点とした、茶道の精神から継承される日本文化独自のホスピタリティであり、そのもてなしの心構えとして、「和敬清寂」、「一期一会」、「一座建立」、「客ぶり亭主ぶり」の4つの重要な茶道の精神を挙げている［古閑 2003；千 2001］。

「和敬清寂」は、茶事における亭主と客人の交流であり、一碗のお茶を通して、亭主は心を尽くして客人をもてなし、客人は亭主の真心に懸命に応えようとする心持ちである［千 2001］。「一期一会」は、茶事における亭主と客人との交わりは、客人が何度も同じ茶会に参加したとしても、一生に一度であるとわきまえて、主客共に茶会をなおざりにせず、心からの交わりを結ぶべきであるという亭主と客人の心得であるとされる［千 2001］。「一座建立」は、茶室に集う客と亭主や客人同士が、茶会という限られた空間と時間の中で、茶を通して特別な人間関係が生まれることであり［安田 2012］、こうした一座建立の空気に満ちていることが、主客が茶の湯を満足する要件であることが示されている［古閑 2003］。「客ぶり亭主ぶり」は、亭主は一期一会の思い入れで、客人が茶の湯の達人であろうとなかろうと心の内で達人として敬い、客人もまた、一期一会の思い入れから亭主を敬愛して、主客共に思いやることが、亭主と客人の心構えであるとされる［千 2001］。加えて、亭主は、客人を迎える準備に始まり、もてなして最後に見送りを終えることで完結するのではなく、前礼や後礼を含めた前後における客人への「配慮」があり［古閑 2003］、客人は身分の上下を問わず招かれた亭主を敬い、そのもてなしに感謝を示し、相互の交わりを通じて心が一つになって作られる、茶の湯ならではの境地があることが示されている［千 2001］。このように、茶の湯のもてなしにおいては、亭主と客人の心からの交流を通じて互いに相手を気遣うが、亭主の思いやりの心が重要な要因であることが示唆されている。

茶の湯のもてなしの概念については、複数の研究者によって定義付けられている［古閑 2003；鈴木 2002；千 2001；安田 2012］。例えば、安田［2012］は、亭主は身の丈に合った思いやりの心のこもったもてなしを心がけ、さりげなさを良しとすることが最も重要であるとされる。古閑［2003］によると、茶の湯のもてなしの最大効果を上げるための努力は、さりげなく、すみやかに、実意をこめて、亭主が客人をもてなすことであると論じている。また、鈴木［2002］によると、亭主は客人との間合いを大切にし、自分のことは後回しにして、さりげなく心を配り、相手を喜ばせることを最優先とすることが示されている。千［2001］は、茶の湯の最上のもてなしについて「亭主は客人に楽しんでもらうことを眼目とするが、そのもてなしを客人にあらわに主張せず、相手に気持ちがさりげなく伝わる思いやりの心であると定義付けている。

また、「察し」と「思いやり」の関係性に着目したTravis［1998］は、「察し」は日本文化の「思いやり」にのみ含まれる概念であり、欧米における「思いやり」の意味を示すsympathyやempathyには含まれない要素であると指摘している。また、内田・北山［2001］によると、日本において「察し」は「思いやり」を定義する際に重視される概念であるとし、「察し」は「思いやり」に基づく日本文化独自のホスピタリティの概念であると論じている。

このように、日本文化独自の茶道の精神を継承した茶の湯のもてなしは、客人に気を遣わせないという亭主の心配りから、そのもてなしをあらわに主張せず、相手が気付く前にさりげなくもてなすことが最上のもてなしである。その文脈にはサービススキルとしての「察し」が関係することが示されており、「察し」は、日本文化の「思いやり」にのみ含まれる概念である。

（3）　航空会社のホスピタリティサービスを具現化するサービススキルとしての「察し」

1980年初期に起った航空業界の極度のサービスの高速化は、客室乗務員のサービスの手法を変容させ、個々の乗客の要望に対応した人間味溢れる、質の高いサービスを実践することが困難になることが指摘されている［Hochschild 1983］。

航空会社のサービスに関する研究では、客室乗務員をはじめとする航空会社のフロントラインスタッフと乗客のサービスエンカウンターの場におけるサービススキルの重要性が指摘されている。

航空会社の顧客満足感を探った研究では，顧客の満足を高める12の要因が明らかにされている［Babbar and Koufteros 2008; Khan and Khan 2014; Nameghi and Ariffin 2013］。それらは，個人的な配慮（individual attention），援助（helpfulness），思いやり（courtesy），迅速さ（promptness）［Babbar and Koufteros 2008］，信頼（reliability），迅速な対応（responsiveness），安心感（assurance），共感性（empathy），確実性（tangibility）［Khan and Khan 2014］，感謝（appreciation），社会性（socializing），快適さ（comfort）［Namegi and Ariffin 2013］である。このように，乗客は客室乗務員から，援助，迅速な対応，信頼性，安心感，快適さなどの，社会性を感じる対応を受けた場合に満足感が高まる点から，一定水準のサービス品質を保証するルーティン型サービスの実践が必要とされていることがわかる。だが一方で，個人的な配慮，共感性，思いやり，感謝といった要因から，乗客一人ひとりに配慮した顧客志向のサービスが不可欠であり，客室乗務員の質の高いサービスが，顧客満足感に影響を及ぼす重要な要因であることが明らかにされている［Strombeck and Wakefield 2008；野村 2010］。

Riddle［1992］によると，航空会社ではサービスエンカウンターの場において，客室乗務員をはじめとするフロントラインスタッフと乗客との対人関係の質（quality of interpersonal relationship）が顧客満足感に影響を及ぼす重要な要因となることが示されている。例えば，乗客は，客室乗務員から，個々の乗客のニーズにきめ細かく対応するサービスを受けた場合に，満足感を高めることが報告されている。また，Schmitt and Pan［1994］によると，乗客は客室乗務員から細やかな気配りや個人的な配慮

(personal attention) を受けた場合に、高い顧客満足感を示すことが報告されている。このように、航空会社のサービスの現場では、乗客と接する機会の多い客室乗務員が、一人ひとりの乗客の期待や要望を汲み取り、乗客から要望される前に期待以上のサービスを実践する接客スキルが求められており[Riddle 1992; Schmitt and Pan 1994；樫村・古屋 2010；野村 2010]、客室乗務員の高度なサービススキルとしての察しのスキルの重要性が示唆される。

このように、本書では、これまでの「察し」に関する知見に基づいて、航空会社の客室乗務員の「察しのスキル」を以下のように定義する。

「察しのスキル」の定義

高い利他的志向から、顧客の気持ちに寄り添う思いやりの心を基本とし、相手の立場に立って考え、その思いを理解して臨機応変に対応し、共感性に基づく理解を前提とし、「観察」、「推察」、「配慮」、の3つのスキルから構成されるサービススキル。

本書では、「察しのスキル」形成の学習プロセスおよびその形成を促進する職場の「重要な他者」のサポートが、「察しのスキル」形成にどのような影響を与えるのかを検証し、ホスピタリティサービスを実践する「察しのスキル」創造のメカニズムの解明を試みる。

第1章のまとめ

✈サービス業界における環境の変化が、顧客のサービスに関する意識を変化させ、一定水準の基本的なサービスだけではなく、顧客をより深く満足させる、付加価値の高いサービスが求められている。上質なホスピタリティサービスを実践可能とするフロントラインスタッフのプロフェッショナルなサービススキルが必要とされている。

✈サービス・イノベーションの目的は、顧客をより深く満足させるホスピタリティサービス創出のメカニズムを解明することである。サービスの無形性から、ホスピタリティサービスを実践する接客スキルは、フロントラインスタッフ個人の経験や知識に依存され、提供の仕組みについては十分に検討されていない。一方で、サービス・イノベーションが目指すホスピタリティサービスの実践は、上質なサービスの提供を目指す、航空会社の客室乗務員によるサービスに見られるものであり、その文脈には、日本文化独自のホスピタリティの概念である茶の湯のもてなしに見られる「察し」の行動が関係する。

✈「察し」は、日本文化特有のコミュニケーションの手法として発達してきており、日本人は他者から「察し」を受けることを期待して、その場の雰囲気から情報を読み取る「察しのコミュニケーション」が発達してきた。その特質には、共感性に基づく理解を前提とし、「推察」、「配慮」、「理解」の3つがあり、とりわけ「配慮」は、日本人特有の他者に対する姿勢の表れで、円滑な対人関係の維持に重要なコミュニケーションの手法である。

✈「察し」は、日本文化独自の茶道の精神に基づく茶の湯のもてなしを実践する行動であり、日本文化の思いやりにのみ含まれる概念である。特に、茶の湯における最上のもてなしの実践には「察し」が不可欠な行動であり、重要なサービススキルである。

✈航空会社の目指すホスピタリティサービスの実践には、客室乗務員をはじめとするフロントラインスタッフが、乗客一人ひとりの期待や要望を汲み取り、乗客から求められる前に期待以上のサービスを提供する「察し」の実践能力が求められている。

注

（1）客室乗務員が寒そうに眠っている顧客に対し、起こさないようにと気遣いながら、静かに毛布を掛けるさりげない行為に象徴されるという［近藤 2012］。

第2章 「察しのスキル」を形成する客室乗務員の実像

ホスピタリティサービスを実践しようと「察しのスキル」を獲得する客室乗務員は、どのような人たちなのだろうか。どのような高校や大学などの学生時代を過ごし、入社後初期のキャリアでは、どのようなキャリアステージを歩んできた人たちなのだろうか。また、どのような個人の思考や行動の特性があるのだろうか。「察しのスキル」を獲得する客室乗務員がどのような人かを探求し、その実状を知ることで、組織の人事担当者は、どのような人材を自社に採用したらよいのか、その傾向がわかるだろう。

「察しのスキル」を獲得する客室乗務員の学生時代および入社後初期のキャリアにおける行動や思考の特性を明らかにするために、主に以下の3点を中心にインタビューを行った。（a）学生時代に、多様な人とのコミュニケーションの機会があったか、（b）協調して取り組む活動に参加した経験があるか、（c）就職活動において重視したことの3点について語ってもらった。「察しのスキル」を獲得した13名の客室乗務員を対象に実施したインタビュー調査の結果をもとに、得られた事例を織り交ぜながらその実像に迫る。

1 入社前の実像（どのような学生生活か）

まず初めに、「察しのスキル」を獲得する客室乗務員の学生時代にさかのぼり、学生時代に見られる行動や思考の特性を見ていく。

幼いころ、目に障害がある友達がいて、助けてあげたいと思ったことをきっかけに、手話を学ぶようになりました。小学校から、ミッション系の学校にいっていたこともあって、人を助ける気持ち、人を思いやる気持ちをその時に教えてもらった気がします。（中略）祖父母と同居していたので、高齢の方や困っている人を助けてあげないと、思うようになり、学校で積極的にボランティア活動に参加していました。（中略）母がいつもそういう感じだったので、私も小さい時から見よう見まねで、人のお世話をするようになりました。（中略）高校時代は、サッカー部のマネージャーになって、みんなのお世話をすることが楽しくて、喜んでもらうことが好きで、高校時代を過ごしました。（中略）大学生になると、夏休みに海外へのボランティア活動に行って高齢者の施設を訪問して、お話をして喜んでいただけたことがとても嬉しくて、この時、人を喜ばせることに国境はないと気付くようになりました。（中略）また、あの時お話ししたおばあちゃん、おじいちゃんに会いたいに行きたいと思うようになりました。国や文化を越えてもっといろんな人に喜んでいただける仕事に就きたいと思い、この仕事を目指すようになりました。（対象者A）

中学の三年間は女子校でテニス部に入っていて、朝練から始まり夕方遅くまで練習があり、体力的にすごく厳しくて、毎日校庭を10周走るとか、一年間で半分の人が辞めていく、厳しい部活でした（中略）。入部してすぐに、先輩から「言われる前にやらないとダメ」と言われ、それから気を張って、先輩の動きをよく見て、声出ししたり、ボールをすぐにわたせるようにしたり（中略）、部活の三年間でやるべきことを自分で見つけて、相手に言われる前に動くことができるようになって、人に気を利かせることができるようになったと思います。（中略）接客業に興味があって、大学の友達とホテルのレストランでアルバイトをするようになりました。その時、海外から様々な国からのお客様とコミュニケーションをすることが多くて、もっと良くコミュニケーションが取れるようになりたいと思い、英会話スクールに通うようになりました。（中略）それをきっかけに、大学時代は一年間語学留学をしました。（中略）語学力を活かした仕事ができればいいなと思うようになり、この仕事を目指すようになりました。（対象者C）

両親が共働きだったので、弟の面倒をよく見ていました。小学校低学年の時に弟が保育園に入ったばかりで、隣の町にバスを乗り継いで毎日迎えに行っていました。（中略）両親が遅い帰宅でしたので、親代わりに小さな弟の世話をしていました。その頃から、人のお世話をすることが好きで、喜んでもらうことが楽しくて、進んでお手伝いするようになりました。（中略）高校で、バレーボール部のマネージャーになって、みんなに喜んでもらうにはどうしたらよいか考えて動くようになりました。例えば、監督の先生がボールを何度も何度も投げると、すぐにボールが足りなくなるので、監督がボールを受け取りやすい位置を考えて、工夫して渡すようになりました。その時、監督が喜んでくださって、褒めていただけたことが本当に嬉しくて、このことをきっかけに、積極的に色んなことが出来るようになりました。（中略）

大学に入ると、一年間語学留学をして英語の勉強をしました。それが初めての海外で、色々な国籍の学生の方々と接することで視野を広げることができて、世界中に友達ができました。それから海外で仕事をするようになりたいと思うようになって、色んな国に行けるこの仕事に魅力を感じて入社しました。

（対象者Ｉ）

本章の調査結果から、「察しのスキル」を獲得する客室乗務員の学生時代では、多様な人々と積極的に関わるコミュニケーションの機会があり、その経験の蓄積を介した対人能力の獲得が重要なカギとなることが明らかとなった。また、学生時代に積極的に協調して取り組む活動は、その行動を実践するだけではなく、その経験を通してリーダーを補佐することで利他的志向を育むようになり、「察しのスキル」獲得に不可欠な行動である。また、就職活動では、これまでの様々な経験を通して対人能力を育む、高い利他的志向の持ち主で、グローバルな職場環境で働くことを求め、航空会社の客室乗務員を目指す傾向があることが浮き彫りになった。

2 入社後の実像（どのような社会人生活か）

学生時代からコミュニケーションの機会を求め、高い協調性を持ち、グローバルな職場を求め、対人能力を活かすような人材であれば、入社してすぐにでも、「察しのスキル」を獲得して、実践的な現場で活躍出来るのではないかという印象を受ける。だが、実際には、「察しのスキル」の獲得には、実践に基づく現場で多様なサービス経験値を高めることが必要である。

ここでは、「察しのスキル」を獲得する客室乗務員の入社後初期のキャリアにおける個人の行動や思考の特性に着目し、経験値の浅い入社後初期の客室乗務員は、どのように顧客志向のサービスを学習しているのかという点に焦点を当てて、入社後初期の客室乗務員に見られる個人の行動や思考の特性を探っていく。本章の調査の結果、未だ経験値の浅い客室乗務員は、社内でサービスに定評のある上司や先輩同僚のロールモデルを介して学習するだけではなく、自分が顧客としてサービスを受けた

「他社のフロントラインスタッフ」や「日常生活で出会った人々」などからも、影響を受けていることがわかった。

　私が、他社便に客として乗った際に、自分がされて嬉しかった事も、「察し」の成長に大きく影響しています。（中略）機内販売のカタログを何気なく見ていたのを、客室乗務員の方が覚えていてくださって、飲み物のサービス後にわざわざお声を掛けてくださった事が嬉しく、真似をして実践しています。

（対象者E）

　自分が普段提供しているサービスをお客様の立場で受けたことが、とても役に立ちました。例えば、毛布やイヤフォンを出した後の袋などの、ごみを入れるところがなくて困っていた時に、客室乗務員の方が、それに気付いて、さりげなく、聞いて下さって、そのごみを回収して下さったことが、とっても助かって、ありがたかったことを覚えています。（中略）それから、自分も、いつも出来るだけお客様や相手の立場になって、その立場を想像して、お客様がどうしてほしいかと考えるようになって。（中略）自ずと察することができるようになった気がしています。

（対象者I）

　サービス業に従事する人たち、例えば、ホテルで働いている方、素晴らしい評価を得ているレストランのサービスの方、他社の客室乗務員の方のサービス提供を拝見して、サービスを受ける側になった際、「自分だったらこうするだろう」と考えることが、自分がお客様に「察し」をするヒントとなっています。（対象者F）

何度も経験した入院でお世話になった看護師の方々、子どもの保育園や学校の先生、他社便に乗った際に客室乗務員を「観察」したり、素晴らしい人との出会い、家族との生活を通しての経験が、自分の成長につながっているように感じています。（対象者A）

このように、「察しのスキル」を獲得する入社後初期の客室乗務員は、仕事を離れてプライベートにおいても、顧客の視点に立ったサービスを受ける機会を求め、顧客志向のサービスを観察して、良かったと感じたことを新たな知識として、積極的にサービスに取り入れ、様々なサービス経験値を高めようと前向きに取り組み、努力していることが明らかとなった。

ここまで、学生時代から入社後初期のキャリアに至るまでのデータを追うことで、「察しのスキル」を獲得する入社後初期の客室乗務員に、共通する考え方や行動面の特徴を見てきた。その結果、「察しのスキル」を獲得する客室乗務員の特徴として、学生時代から多様な人との交流機会があり、積極的に他者と協調して取り組む活動に参加し、対人能力を活かす職場を求めて、入職していることが示された。また、自分が顧客として提供されたサービスに、感動や喜びを感じたことを、新たな方法として積極的にサービスに取り入れて実践するようになる。このように、「察しのスキル」を形成する客室乗務員の特徴は、高い自律性の持ち主で、多様な人と接して活発なコミュニケーションを図り、世話をすることが好きで、相手を思いやり、気遣いができる、一面が浮き彫りになった。

第2章のまとめ

✈「察しのスキル」を獲得する客室乗務員の学生時代では、多様な人々との活発なコミュニケーションの機会があり、協調して取り組む活動に参加し、利他的志向が高く、グローバルな視野を持つ人が、航空会社の客室乗務員を目指す傾向にある。

✈「察しのスキル」を獲得する入社後初期の客室乗務員に共通する、物事の考え方や行動面の特性は、「察しのスキル」を獲得しようと積極的に仕事に取り組む、努力家であることが示された。また、プライベートにおいても、自分が顧客として提供されたサービスに気付きを感じて、サービススキルを高める新たな知識として、現場でのサービスに積極的に取り入れて努力する、高い自律性の持ち主で、細やかな心配りができる対人能力と利他的志向の高い組織人であることが浮き彫りになった。

第3章

「察しのスキル」を形成する人を育てる

第2章では、「察しのスキル」を形成する、入社後初期の客室乗務員の実像に迫った。そこから見えてきた人物像は、慣れないサービスに一生懸命に取り組む、高い自律性、利他的志向の持ち主で、相手の事情を踏まえて気遣いができる傾向があることが分かった。それでは、サービス組織では、こうした人材をどのように育成すればよいのだろうか。

本章では、本書の検証の結果から明らかになった「察しのスキル」形成に関する親しい発見について紹介する。客室乗務員の**「察しのスキル」形成の学習モデル**、**「察しのスキル」形成を促す職場のサポート**、**「察しのスキル」を構成する3つのスキル**、**「察しのスキル」を生み出すフロントラインスタッフの効果的な5つの行動**、**「察しのスキル」を育む職場環境の構築に必要な4つの行動**について詳しく説明し、「察しのスキル」形成を成功へと導く人材育成に役立つポイントを紹介する。

1　客室乗務員の「察しのスキル」形成の学習モデル

Kolb［1984］は、経験学習モデル（Experiential Learning Model）を明らかにしている。これは、経験学習のプロセスを、経験から内省へのプロセスを通じて、経験そのものを変換して応用可能な知識やルーティンを作り出す葛藤によって知識が創造される、具体的経験・内省的観察・抽象的概念化・能動的実験の４つの段階から構成されるプロセスである。つまり、人は自分が置かれた環境下で具体的な体験をして（具体的経験）、その経験を多様な観点から内省して（内省的観察）、それらを一般化して他の状況でも応用可能な知識やルーティンを作り（抽象的概念化）、それを新たな環境で試すことで（能動的実験）、経験学習のサイクルを繰り返して学習することを示した［Kolb and Kolb 2009］。

こうした経験学習モデルでは「能動的実験と具体的経験」、「内省的観察と抽象的概念化」という２つのモードが循環しながら、知識が創造されて学習が生起され［Jarvis 1995］、内省を伴った行動をいかに実践できるかが重要であることが論じられている［Hoyrup 2004; Marsick and Watkins 1990］。Lombardo and Eichinge［2010］によると、成人の能力開発の７割は仕事経験に依ることが報告されており、Davies and Easterby-Smith［1984］は、現場での能力形成は研修よりも職務経験に依る部分が大きいことを指摘している。

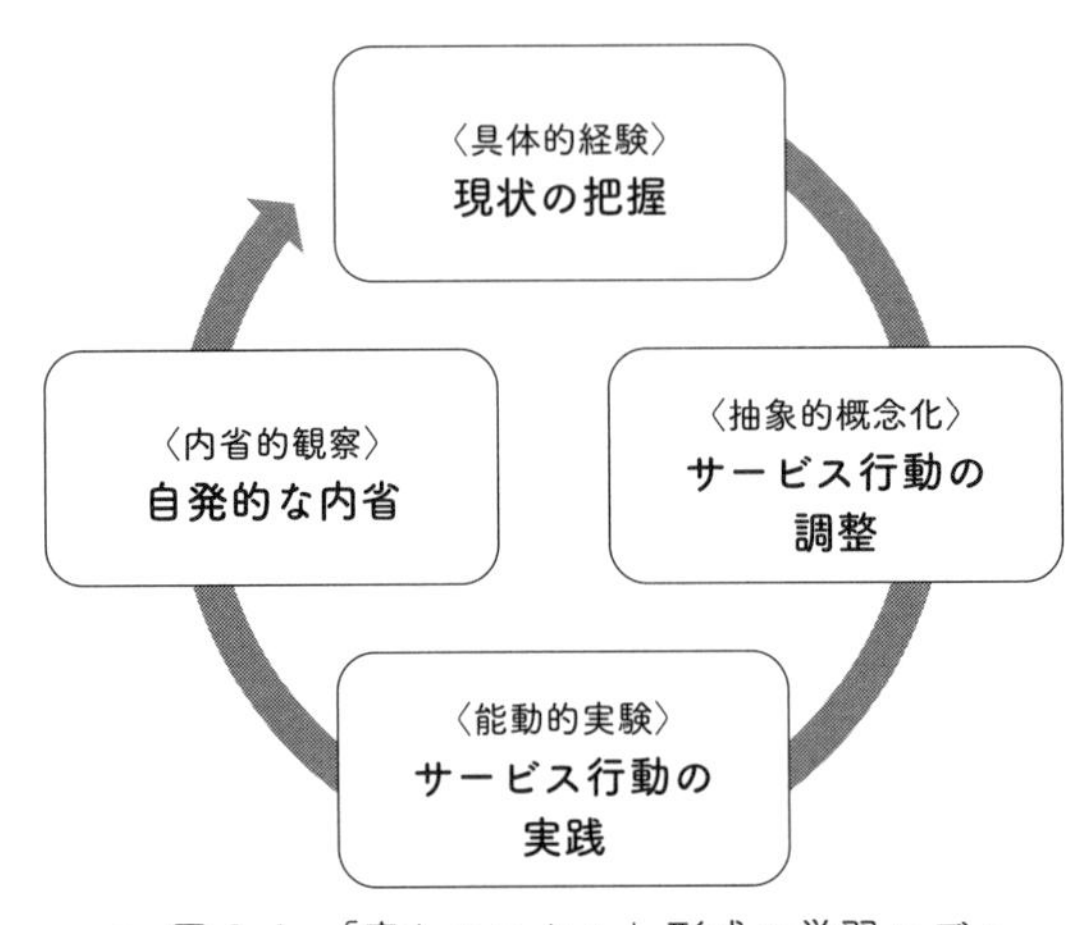

図 3-1 「察しのスキル」形成の学習モデル

出所：Kolb〔1984〕を基に筆者作成

また、フロントラインスタッフの職務経験を通じた「学習」に着目した研究では、看護師を対象とするものが複数あり〔松尾ら 2008；松尾 2013b；倉岡 2016〕、看護師は職務経験を通じて仕事のスキルや知識を学習していることが報告されており、客室乗務員の乗務経験と「察しのスキル」形成においても関連性があると推察される。

図 3-1 では、乗務経験を通じた客室乗務員の**「察しのスキル」形成の学習モデル**を紹介している。客室乗務員は、日々の乗務経験の出来事を通じて、同僚と協力して乗客にサービスを実践していく中で、チームで**現状の把握**を行い（具体的経験）、**サービス行動の調整**を話し合って決定し（抽象的概念化）、**サービス行動の実践**をし（能動的実験）、自己の失敗や成功について**自発的な内省**をして（内省的観察）、新たなサービスの方法として取り入れる学

習が生起されることが明らかとなった。**「察しのスキル」形成の学習モデル**では、経験学習のサイクルが乗務経験を通して毎回繰り返され、客室乗務員はサービス実践を通して、自己の失敗や成功を自発的に内省するようになる。そして、反省的思考の能動的なプロセスの中で、「察しのスキル」の知識を創造しながら、察しのスキルを形成することを明らかにした。

　このように、客室乗務員の「察しのスキル」形成の学習モデルの特徴的な点は、職務経験を通して個人的かつ集団的な学習である点である。客室乗務員は、こうした一連の「察しのスキル」形成の経験学習のサイクルを通して、個人で「察しのスキル」を学習するようになる。また、それと同時に、そのプロセスに参加しているチームメンバーも同時に学習することが可能になる。こうした経験学習のサイクルを幾度か繰り返して経験していく中で、毎回新たな職場環境で[1]、新しいメンバーと「察しのスキル」の実践法を見出すようになり、乗務経験の蓄積を通して、徐々に「察しのスキル」の品質を高めるようになる。このように、客室乗務員の**「察しのスキル」形成の学習モデル**では、新たなサイクルは前のサイクルによって特徴づけられ、期待するレベルの「察しのスキル」を獲得するまで、経験学習のサイクルが続いていくことが明らかになった。詳しくは、第5章で紹介する。

2 「察しのスキル」形成を促進する職場のサポート

Gagné and Deci〔2005〕は、職場の関係性支援[2]が、外発的に動機づけられた[3]従業者のワークモチベーション[4]の自律性を高めて、職務態度に影響を及ぼし、職務満足感を高める組織効果があることを報告している。Skinner and Belmont〔1993〕は関係性支援が、有能さ、自律性、関係性の支援の認知に影響を及ぼし、関係性支援のあり方によって、有能さ、自律性の支援の認知に差異が生じることを指摘した。Baumeidter and Leary〔1995〕によると、有能さ、自律性、関係性への欲求である基本的心理欲求の充足[5]が、外発的に動機づけられた行動の価値の内面化[6]を促進することを明らかにしている。また Deci and Ryan〔1991〕は、職場の関係性支援が、外発的に動機づけられた従事者の行動の価値の内面化を促す重要な要因であることを示唆している。Ryan and Deci〔2000〕によると、外発的に動機づけられた行動をはじめに引き起こすのは、職場の「重要な他者」によって価値づけられた行動であり、行動の価値の内面化の「初期段階」では、関係性支援が中心的な役割を果たすことが報告されている。また、Gagné and Deci〔2005〕は、従業者は経済的報酬等によって動機づけられている場合でも、一定レベルの自律性を持って職務に関わっている可能性が高いことを指摘している。上司の関係性支援が実施されているワーキンググループでは、従業者の外発的動機づけの自律性を高め、行動の価値の内面化を促進し、仕事の成果に正の影響を及ぼして職務満足を高める効果があることを報告している。さらに、James and Greenberg［1989］によると、上司の関係性支援が、従業者の仕事のスキルやパフォーマンスの向上を促進することを明らかにしている。また Van Knippenberg and Van Schie［2000］は、同僚との相互依存や敬愛の念、仲間への関心や気遣いなど、従業者間の安定した対人関係の構築は、関係性への欲求の充足を促進させ、職務成果を高めることを報告している。

以上より、上司、同僚などの「重要な他者」の関係性支援が、ワークモチベーションの自律性と行動の価値の内面化を促すと同時に、職務スキルの向上、その他の職務態度に影響を及ぼすことが明らかにされている。

このように、客室乗務員の職場には、上司、同僚、顧客が存在しており、こうした「重要な他者」の関係性支援を通して、サービス経験を蓄積し、「察し」の行動の価値の内面化を促進させて、「察しのスキル」を獲得するようになると考えられる。だが、これまでの研究では、上司の自律性支援に焦点を当てたものが多く、「重要な他者」の関係性支援が、どのようにして、従業者のモチベーションの自律性を高めて、行動の価値の内面化を促し、職務スキルの獲得を促すのか探った研究は、見当たらない。

Amabile and Kramer［2011］によると、職場においてインナーワークライフ（個人的職務経験）(7)の質を高める要因には、「仕事の進捗」、「触媒ファクター」、「栄養ファクター」の3つの要因(8)があり、これらが従業者の職務スキルやパフォーマンスを高めることが指摘されている。客室乗務員の「察しのスキル」形成においても、インナーワークライフの質を高めることが重要であると考えられ、「察しのスキル」形成を促す関係性支援と関連する要因となる可能性が示唆される。そこで、本書では、客室乗務員を取り巻く職場の重要な他者との関係の中で、どのような職場の支援要因が「察しのスキル」の形成に影響を及ぼすのかを、インナーワークライフ理論の視点から検証した。

その結果、客室乗務員の**「察しのスキル」形成を促進する職場のサポート**に影響を及ぼす関係性支援の要因には、有意義な**「サービス行動の進歩」**、**「察しのスキルサポート」**（**仕事のスキルの直接的援助**）、**「対人配慮サポート」**（**対人的な援助**）の3つのタイプの支援要因があることが明らかになった[9]（図3-2を参照）。まず、有意義な**「サービス行動の進歩」**は、「ルーティン型察し形成期」（1～5年）および「非ルーティン型察し形成期」（6年以上）の2つの形成期に共通して、「察しのスキル」形成の促進に影響を及ぼすサポート要因のなかで、最も大きな影響力を発揮する。職場で有意義な**「サービス行動の進歩」**を感じる頻度が増えるほど、自分が提供したサービスに喜び、幸せ、充実感など、ポジティブな感情を自ら引き出すようになり、サービス提供に達成感を感じてワークモチベーションを高め、チームメンバーと協力してサービスに取り組むようになる。そして、職場の「重要な他者」との良好な対人関係の確立を促し、「察しのスキル」の形成に影響を及ぼす、きわめて重要な要因である。

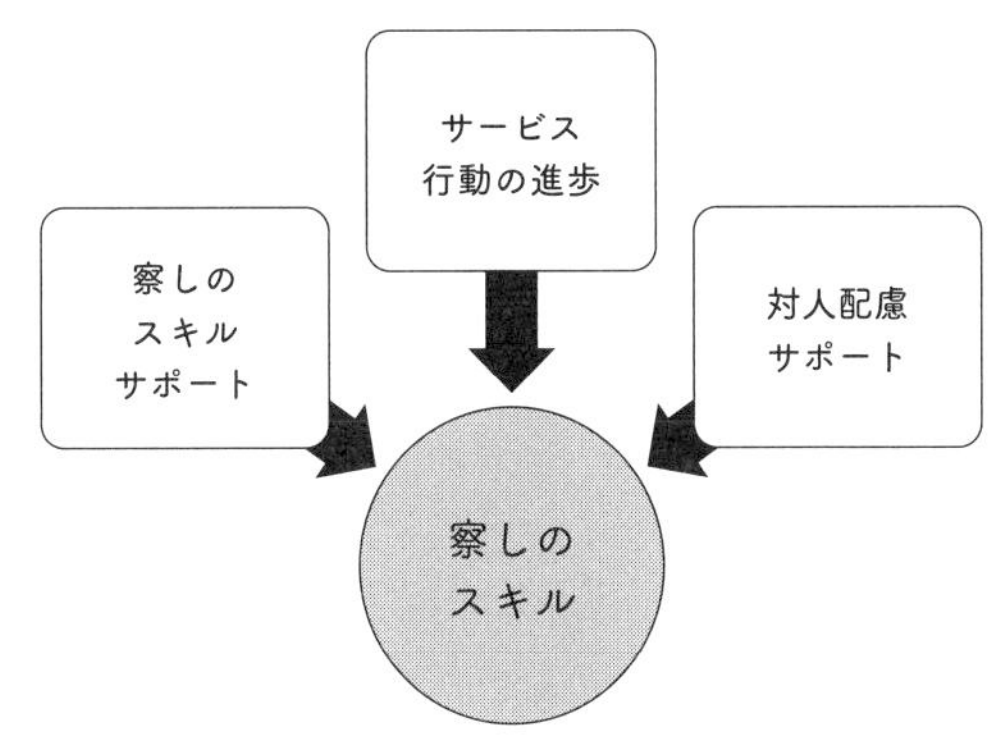

図3-2 「察しのスキル」形成を促進する職場のサポート

出所：筆者作成

また、**「察しのスキルサポート」**は、「察しのスキル」形成を促進する技術的なサポートで、「ルーティン型察し形成期」および「非ルーティン型察し形成期」に共通して、現場での様々なサービス実践を通して、「察しのスキル」形成を技術的に高める。**「対人配慮サポート」**は、「察しのスキル」形成を促進する、他者への配慮に基づく対人的なサポートで、「非ルーティン型察し形成期」において、職場の「重要な他者」の円滑な対人関係の構築を媒介して、「察しのスキル」形成を瞬時に促進させる。

このように**「察しのスキル」形成を促進する職場のサポート**には、異なるタイプの3つの職場のサポートの要因があり、「ルーティン型察し」および「非ルーティン型察し」の行動の価値の内面化を促進させ、「察しのスキル」形成を促進する。

図3-2は、「察しのスキル」形成にポジティブな影響を及ぼす職場のサポートと「察しのスキル」の関係性を示

したものである。客室乗務員は、乗務経験を通して3つのタイプの職場のサポートを通して、「察しのスキル」の形成を促進するようになる。詳しくは、第6章で紹介する。

3 「察しのスキル」を構成する3つのスキル

客室乗務員の「察しのスキル」の形成には、どのような能力が求められるのだろうか。本書の調査結果から、「察しのスキル」を獲得する客室乗務員は、共感性に基づく理解を前提として、**「観察」**、**「推察」**、**「配慮」**の3つのスキルを備えていることがわかった（図3-3を参照）。**「観察」**と**「推察」**は、乗客の表情や様子をよく見て、活発なコミュニケーションを図り、相手の気持ちを推し測って考え、その意味を考える能力で、「察しのスキル」形成の一歩として必要な認知能力である。次に、**「配慮」**は、客室乗務員の乗客や同僚などの他者に対する小さな気付きから、共感、同情、心配りなど、相手に対する深い思いやりに基づく感情能力である。これら3つの行動が、同時に機能することで「察しのスキル」獲得を促進する。客室乗務員は、さらにレベルの高い「声がけ」や「アイコンタクト」などのコミュニケーションスキルを身に付けることで、**「配慮」**の能力をいっそう高めることが、「察しのスキル」を獲得する上で重要なポイントとなる。

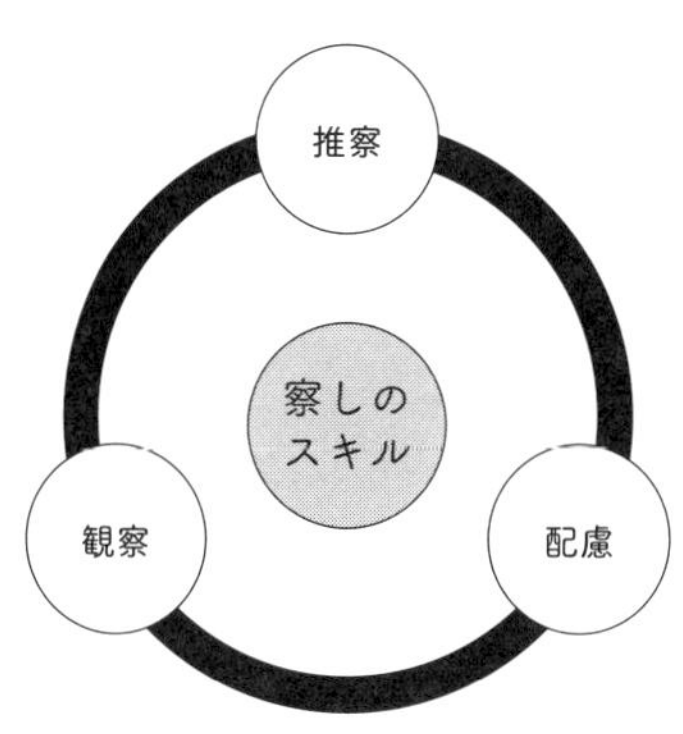

図3-3 「察しのスキル」を構成する3つのスキル

出所：筆者作成

4 「察しのスキル」を生み出すフロントラインスタッフの効果的な5つの行動

ホスピタリティサービスを実践するフロントラインスタッフが、「察しのスキル」を獲得するには、どのようなことに取り組む必要があるのだろうか。本書で明らかになった**「察しのスキル」を生みだすフロントラインスタッフの効果的な5つの行動**（図3-4を参照）について詳しく説明する。

「察しのスキル」を生み出すフロントラインスタッフの効果的な行動には、メンバーと**(1)活発なコミュニケーション**を図り、**(2)良好な対人関係の確立**、**(3)協調的なサービスの取り組み**、**(4)自発的な内省**、**(5)尊重と信頼関係の獲得**の5つの行動があり、これらが「察しのスキル」を効果的に生み出し、「察しのスキル」を形成へと導くようになることがインタビュー調査の結果、明らかとなった。

国際線の機内サービスでは、キャビンがそれぞれ独立しており、チームで協力して乗客にサービスを提供している。まず、客室乗務員は、「察しのスキル」の必要性を認識することから始まる。それから自然に、チーム内で活発なコミュニケーションを図るようになり、メンバーとの良好な対人関係が確立される。「察しのスキル」を実践するために、協調的なサービスの取り組みを行うために、必要があるメンバーと会話を図り、それぞれの仕事の調整を行い、相互依存の関係の確立を媒介して、自発的な内省やフィードバックを繰り返し、「察しのスキル」をもっとスムーズに実践できるように、自らリーダーシップを取って行動修正していく中で、尊重と信頼関係の獲得が促され、「察しのスキル」形成を成功へと導くことができる。

（1）活発なコミュニケーション

職場の上司、同僚、乗客との**活発なコミュニケーション**が飛び交い、チームリーダーがそれに熱心に耳を傾けて、考えや疑問について率直に意見することを奨め、建設的な批判を評価する職場では、周囲との関係性を高めるようになり、「察しのスキル」を生み出す新たなアイデアの創造を促すようになる。特に、**活発なコミュニケーション**が必要とされるのは、問題や失敗に直面する困難な場面において、腹を割って話し合うことで、どのように「察しのスキル」を実践すべきかについて、新たなアイデアを生み出すことができる。

図 3-4　「察しのスキル」を生み出すフロントラインスタッフの効果的な５つの行動

出所：筆者作成

(2) 良好な対人関係の確立

客室乗務員の「察しのスキル」形成のプロセスには、上司、同僚、乗客の「重要な他者」の関係性支援が影響している。客室乗務員は自身の置かれた職場環境の中で、職場の「重要な他者」との**良好な対人関係の確立**を促し、チームワークのサービス実践を通して、「察しのスキル」形成を促進させる。

(3) 協調的なサービスの取り組み

「察しのスキル」を生み出すには、職場の仲間と協調して仕事に取り組む姿勢と行動があって初めて、「察しのスキル」形成を促進することが可能になる。チームが一丸となって目標を掲げて、**協調的なサービスの取り組み**を実践していく中で、互いに尊重して信頼関係の獲得を生み出すかは、いかに上手く協力してサービスが実践されるかにかかっている。例えば、サービスや乗客に関する情報の共有、それに伴う行動調整、成功や失敗について内省するなど、**協調的なサービスの取り組み**を通して、あらゆる実践知を学習する。

（4） 自発的な内省

現場で実践したサービス行動のプロセスと結果について、成功や失敗に関する意見や感想を求めて話し合い、批判的な考察を行うことなど、自発的に内省することは「察しのスキル」の形成に欠かせない重要な要因になる。例えば、客室乗務員はフライト前後のブリーフィングで、乗客に実践したサービス行動の良かった点や悪かった点について、チームメンバーと絶えず積極的に話し合い、**自発的な内省**を行い、それを仲間と共有することで、「察しのスキル」を効果的に生み出す新たな知識を見出すようになる。

（5） 尊重と信頼関係の獲得

客室乗務員を取り巻く上司、同僚、乗客との**尊重と信頼関係の獲得**が、非ルーティン型「察しのスキル」形成に重要な影響を与えている。「察しのスキル」形成の文脈では、こうした職場の「重要な他者」との関係性の強化が、尊重と信頼関係の獲得を促して、「察しのスキル」獲得へとつながる。

客室乗務員は、乗客を自分の大切な家族と捉えて、共感性をいっそう高めるようになり、一個人として心に寄り添うサービスの実践を通して、尊重と信頼関係の獲得を促すようになる。

このように、**「察しのスキル」を生み出すフロントラインスタッフの効果的な5つの行動**は、**(1)活発なコミュニケーション**、**(2)良好な対人関係の確立**、**(3)協調的なサービスの取り組み**、**(4)自発的な内省**、**(5)尊重と信頼関係の獲得**があり、これらは、「察しのスキル」形成を促進する上で必要な行動である。「察しのスキル」形成の学習プロセスでは、職場の「重要な他者」が現場で「察しのスキル」を獲得する人材を直接的に育成し、組織を動かすマネジメントにおいては、組織文化の構築を促して、人材を間接的に育成しているという認識が、「察しのスキル」を生み出す職場環境を構築する上で重要な視点となる。

5 「察しのスキル」を育む職場環境を構築する4つの行動

「察しのスキル」を形成する、ホスピタリティサービスを創出する人材を育む航空会社の職場環境の構築には、どのような行動に取り組む必要があるのだろうか。ここでは、本書の検証の結果で明らかになった**「察しのスキル」を育む航空会社の職場環境の構築を促進する4つの行動**について、具体的に説明する。

「察しのスキル」を育む職場環境を構築する4つの行動（図3-5を参照）には、**(1)サービス行動に自律性を与える、(2)心理的に安全な職場環境を整える、(3)失敗からの学びの奨励をする、(4)境界を越えたサービスを実践する**4つの行動が不可欠であることを明らかにした。

「察しのスキル」は、自ずと生まれるものではなく、チームで協調的にサービスに取り組み、各々のメンバーが乗務経験を通した個人的かつ集団的な学習を繰り返し、その後の行動に活かすことが必要になる。「察しのスキル」の形成には、チームで実践知を共有して、一体となって行動することがきわめて重要であり、こうした「察しのスキル」を育む職場環境を構築することが、サービス組織のマネジメントやチームリーダーに必要であり、チームにおけるリーダーのリーダーシップ行動がよく考えて発揮されることが重要である。

（1）　サービス行動に自律性を与える

サービス行動に自律性を与えるようになると、自分のサービスに裁量を持つことで創造的になり、「察しのスキル」の形成を促進するようになる。自分の決断が尊重されるという感覚は、自己効力感へとつながり、ワークモチベーションの自律性を促し、困難な状況下においても「察しのスキル」の成長を促すようになる。一方で、チームリーダーがメンバーの決断や意見を否定ばかりしていると、メンバーのモチベーションが低下され、「察しのスキル」形成の学習プロセスが一時的に止まってし

図 3-5 「察しのスキル」を育む職場環境を構築する４つの行動
出所：筆者作成

まうことがある。

(2) 心理的に安全な職場環境を整える

心理的に安全な職場環境では、職場で仕事仲間や同僚と相互に認め合い、尊重し合い、信頼している時に、自分が周りからどのように思われているだろうかと不安を抱くことなく、心の内を自由に打ち明けることができる。ホスピタリティサービスの実践には、チームが一体となって、共に協力して働く中で、メンバーが周りを気にすることなく、考えや意見を共有し、仕事を調整する対処法について率直に質問して、情報やサポートを求めることが必要である。そのため、「察しのスキル」形成を促進するには、**心理的に安全な職場環境を整える**ことが重要になる。

（3） 失敗からの学びを奨励する

「察しのスキル」を獲得する上で、困難であっても無くてはならない行動は失敗から学ぶことである。客室乗務員の「察しのスキル」形成が促進される場合、それぞれの状況が異なっていても、その経験学習のプロセスがよく似ており、その多くが同じような失敗を経験している。例えば、サービス中に失敗をした場合に、チームで力を合わせて、問題に真摯に向き合い、困難を乗り越える方法について一生懸命に考え、それを解決した時が、「察しのスキル」の成長を遥かに促進させる。「察しのスキル」形成を成功へと導くには、失敗や問題などの困難な経験から学ぶことは重要で、**失敗からの学びを奨励する**職場は、従業者に価値ある学びをもたらして「察しのスキル」の幅を広げて、「察しのスキル」の獲得を促進する。

（4） 境界を越えたサービスの実践

業界を取り巻く環境の変化から、一人ひとりの乗客の要望や期待に対応した、いっそう質の高いサービスが必要とされており、仕事の領域を越えたサービスの実践が求められている。例えば、困っている様子の異なるキャビンの顧客への思いやりの心から高い共感性を示すようになり、出来る限りの配慮を伴うサービスを実践しようと、キャビンの境界を越えて同僚と協働し、**境界を越えたサービスの実践**をすることは、「察しのスキル」の品質を瞬く間に高める、きわめて重要な行動である。

このように、**「察しのスキル」を育む航空会社の職場環境を構築する４つの行動**には、**(1)サービス行動に自律性を与える、(2)心理的に安全な職場環境を整える、(3)失敗からの学びを奨励する、(4)境界を越えたサービスを実践する**４つがある。これらの行動は、「察しのスキル」を成長へと導く、基盤となる不可欠な行動であり、組織のマネジメントやチームリーダーが率先して取り組むことが重要である。

第3章のまとめ

✈「察しのスキル」形成の学習モデルでは、日々の乗務経験を通じて、客室乗務員は、常にチームで現状把握をし、サービス行動の調整を決定して、サービス行動を起こし、自発的な内省をして、察しのスキルを獲得するという経験学習のサイクルが繰り返される。こうして経験から得られた学習を通して、「察しのスキル」を向上させ、期待される「察しのスキル」の獲得が得られるまで学習のサイクルは続いていく。

✈「察しのスキル」の形成を促進する職場のサポートには、有意義な「サービス行動の進歩」、「察しのスキルサポート」、「対人配慮サポート」の3つのタイプがある。

✈「察しのスキル」を構成する3つのスキルには、共感性に基づく理解を前提とした、「観察」、「推察」、「配慮」、の3つの能力が必要である。

✈「察しのスキル」を生み出すフロントラインスタッフの効果的な5つの行動には、(1)活発なコミュニケーション、(2)良好な対人関係の確立、(3)協調的なサービスの取り組み、(4)自発的な内省、(5)尊重と信頼関係の獲得があり、これらがフロントラインスタッフの「察しのスキル」形成を効果的に促進する。

✈「察しのスキル」を育む職場環境を構築する4つの行動は、(1)サービス行動に自律性を与える、(2)心理的に安全な職場環境を整える、(3)失敗からの学びの奨励、(4)境界を越えたサービスの実践である。「察しのスキル」を獲得へと導く職場環境の構築には、組織のマネジメント、特に、実践的な現場においてチームリーダーが率先して、これらの行動を積極的に実践することが最も重要である。

注

(1) インタビュー調査の結果から客室乗務員の航空会社の職場環境では、毎回フライトごとにメンバーが入れ替わることが確認された。

（2） 関係性支援とは、関係性への欲求の充足に対する支援で、物理的かつ時間や関心などの心的な資源が費やされ、他者から与えられているという認知をもたらす支援である［Connell 1990］。

（3） 動機づけの目的が、自分以外の外部である他者からもたらされ、人がある活動を遂行することに対して、金銭、賞賛、罰の回避などの社会的要因が動機づけの要因となり、活動へと突き動かせる状態を表す［Deci and Ryan 1980］。

（4） 組織で働く従業者のワークモチベーションは自律的な外発的動機づけである可能性を論じている［Gagné and Deci 2005］。

（5） 「有能さへの欲求」は、社会環境と継続的に関わりを持つ中で、自分が「上手くやっている」という実感を持ち、能力を発揮する機会を持ちたいという欲求である。「自律性への欲求」は、自分が自立していることを認識し、行動を外的な要因に統制されず、自分の意思で決定したいという欲求である。「関係性への欲求」は、他者とつながっているという感覚で、他者と良好な人間関係を形成して互いに関与し合い、相手のために貢献したいという社会性に関する欲求である［Deci 1975］。

（6） 行動の価値の内面化とは、外発的に動機づけられた行動あるいはその行動の価値を、自らのものとして内面に取り入れることで、内面化されるほど動機づけは自律的なものへと変化すると指摘されている［Deci and Ryan 2000］。

（7） 有意義な「仕事の進捗」は、それを感じる頻度が増えるほど、仕事に前向きになり、上司や同僚が協力的で関係が良好であると感じるようになり、仕事の創造性と生産性の向上に影響を及ぼす。「触媒ファクター」は仕事のスキルの獲得やパフォーマンスの向上、仕事上の問題対処などに直接関係する仕事に関する支援で、インナーワークライフに間接的に影響を及ぼす。「栄養ファクター」は職場の人間関係に関わる対人的な支援で、「尊重」、「励まし」、「慰め」、「友好関係」の４つの要素から構成され、従業者の仕事に対する動機づけを高め、人間に直接作用してインナーワークライフに影響を及ぼすことが指摘されている。

（8）感情、モチベーション、認識の3つの要素から構成される、心理的プロセスである。

（9）本書の検証の結果、新たに発見された「察しのスキル」形成の促進に関連性を持つ3つの関係性支援の要因である。

第4章

航空会社の最前線
――国際線フライトに乗務する客室乗務員――

本章では、航空会社における客室乗務員の職場の現状を把握するために行ったインタビュー調査の結果を通して、ホスピタリティサービスを実践する「察しのスキル」を形成する人材育成を行う航空会社の最前線に迫る。

国際線に乗務する客室乗務員のインタビュー調査から得られた、客室乗務員の基本業務である保安業務とサービス提供業務、国際線の機内サービス、航空会社の職場環境を紹介して、「察しのスキル」を育む人材育成のエッセンスを紹介する。

1　客室乗務員の基本業務

客室乗務員の基本業務には、安全運航の確保を客室側から安全面を守る「保安要員」としての業務と乗客に快適な空の旅を提供する「サービス提供要員」としての業務の2つの側面がある。

客室乗務員は、就職が決まり入職すると、数か月の新入社員教育を経て職場へ配属される。客室乗務員は、安全運航の確保を客室側から安全面を守る「保安要員」、乗客に快適な空の旅を提供する「サービス提供要員」の2つの役割を担っており、訓練の現場では、先輩が後輩の教育のあたり、一人前の客室乗務員として専門知識やスキルが定められたレベルに達して試験に合格するために、自宅での毎日の宿題や予習が必須であり、週休2日制で朝9時から夕方17時過ぎまで、8時間の座学と訓練を受ける。

「保安要員」の訓練では、飛行中に緊急事態が発生した場合を想定し、訓練所の機体や客室を模した部屋を使用して救難訓練を受ける。例えば、緊急時シミュレーションでは、火災、減圧、急病人の発生、緊急着陸、緊急着水を想定した機内のオペレーションや緊急時のドアの開閉の操作、パイロットとの合同シミュレーション、緊急技能訓練では、緊急着陸時のスライド（滑り台）の実習や緊急着水時のラフト（ボート）などの訓練が実施される。こうした客室乗務員の保安要員としての訓練は、乗客と全ての乗務員が安全運航で無事に到着地に着陸できるよう、一人前の客室乗務員となり職務に就いてからも、毎年定期的に訓練を受けることが義務付けられている。

「サービス提供要員」の訓練では、飛行機の機体の構造や仕組み、飛行航路についての学習、客室乗務員としての心構えや言葉遣い、立ち居振る舞いやメイクアップ、乗客に対する対応やサービス提供の仕方、機内アナウンスの実践、食事や飲料のサービス提供、機内販売、税関・出入国管理・検疫などの書類に関する手続き、勤務規定などについて実習を行う。このように、客室乗務員の新人研修では、一人前の客室乗務員として保安要員、サービス提供要員の２つの役割に関する必要な専門知識や技術を習得して、定められたレベルに達することで修了し現場へと配属される。そこでは、実際の航空機内で訓練生として先輩指導者から指導を受け、一定のレベルに達して一人前の乗務員と認められるようになると、はじめて一人で乗務に就くようになる。

2　客室乗務員の機内サービスと「察しのスキル」

客室乗務員の機内サービスには、「ルーティン型サービス」と「非ルーティン型サービス」の２つの形態があり、それぞれのサービスに伴う、「ルーティン型察しのスキル」、「非ルーティン型察しのスキル」の２つの「察し」の形態がある。本書では、これらのサービスと「察し」について以下のように定義づけしている。

「ルーティン型サービス」とは、組織によって基本的なサービスの手順が定められており、組織的意向が強く、効率化に基づくサービスで、すべての顧客に均一化された、マニュアルに即した基本的なサービスといえる。例えば、機内における飲食物の提供、機内の設備の案内、行先や乗り継ぎ便の案内、免税品販売、病人の看病などである。こうしたルーティン型サービス提供に伴う「ルーティン型察しのスキル」は、客室乗務員が基本的なサービスを完全に遂行できるようになると実践される、乗客に対するビジネス的な気配りである。例えば、乗客から機内の温度が寒いので毛布を依頼された場合に、毛布と一緒に温かい飲み物を提供すること、搭乗したばかりの乗客が何かを探している様子に気付いて、依頼される前に声がけをして対応すること、暑い日の飲料サービスの提供では、氷を入れてほしいと求められた乗客には、通常より多めに氷を入れることなどが挙げられる。

「非ルーティン型サービス」は、乗客の個人的な要望に対応する個別化された自発的なサービスで、客室乗務員が自己の裁量で実践するサービスである。サービス提供の現場では、常に環境は変化しており、その都度、乗客の状況も異なる。イレギュラーなどのマニュアルが想定されない場面では、マニュアルを超えて行う対応が評価されることがある。「非ルーティン型サービス」に伴う「非ルーティン型察しのスキル」は、乗客の置かれた状況や立場に思いやりの心から、一個人として高い共感性を示して、仕事の領域を超えて実践される「察し」である。例えば、同僚が怒らせてしまった乗客に対して、同僚に代わって問題を解決すること、気難しい乗客の個人的な要望に対応することなどが挙げられる。

特徴的な点は、初期の客室乗務員は、日々の実践的な現場で様々なサービス経験値の蓄積を通して、自己のサービスが会社の規定するレベルに達するようになると、自己のサービスに裁量を持つようになり、「ルーティン型察し」を実践するようになる点である。

3　国際線フライトの業務

国際線の客室乗務員は、空港到着後、専用のカウンターで荷物の手続きをし、オペレーションセンターで乗務するフライトのチェックインを行う。乗務するフライトに関する路線情報、サービス提供、顧客情報などを確認し、ポジションシート（乗務員の担当するキャビンの配置）を作成する。

客室乗務員は、フライト前後のブリーフィング（簡単な打ち合わせ）を行っている。フライト前のブリーフィングでは、乗務するフライトの機長・副操縦士、客室室乗務員が集合し、飛行時間や天候など飛行に関する情報や安全など、サービスや乗客に関する情報の共有を行っている。そのフライトの全体のサービス目標を定め、各キャビンの乗務員たちも自身の目標を設定して、達成を目指すようになる。フライト後のブリーフィングでは、目標が達成できたか、良かった点や反省点の共有を通して、知っておくべき必要な知識として次のフライトへと引き継がれる。

客室乗務員が担当する国際線のキャビンは、ファーストクラス、ビジネスクラス、プレミアムエコノミーおよびエコノミークラスの４つのクラスから構成され、フライト全体を統括するチーフパーサー、各キャビンにはパーサーが乗務し、複数の客室乗務員が飛行時間に応じて決められ時間内で、チームで協働して担当するキャビンの乗客にサービス提供を行っている。

乗客が搭乗する前に機内に入り、担当するキャビンのセキュリティチェックを行う。ライフジャケット、メガフォン、消化器、メディカルキットなどの保安装置のチェック、客席やトイレの不審物チェック、食事や飲料物などの搭載の確認、ドアやアラーム、インターフォンのチェックなどのエマージェンシー・チェックを行う。そして、乗客の搭乗が始まり、客室乗務員は、乗客への座席案内や荷物の収納の補助、不審者のチェック、特別食をオーダーした乗客への確認、VIP顧客、子どもの一人旅、子ども連れの乗客、車いす等の特別な援助が必要な乗客の案内を行い、すべての乗客の搭乗後、ドア担当の客室乗務員は、機長の指示でドアを閉め、離陸に際してドアモードをマニュアルからオートマティック（手動から自動）へと変更する。そして、機長およびアナウンス担当の客室乗務員による搭乗のアナウンスが実施され、機内の安全設備に関するビデオの案内の後に、各キャビンの最終の安全確認のチェックが行われる。一方で、操縦席では、管制塔からの許可を受けて、ボーディング・ブリッジから機体が離され、牽引車が機体を滑走路へと誘導し、機長がエンジン出力を上げて離陸となる。

離陸の後、機体が巡航高度に達し、シートベルト着用サインが消えると、客室乗務員は入国者書類を各キャビンに配布し、飲み物や食事のサービスカートの準備をして乗客へのサービス提供が実施される。1食目の提供の後、機内販売が行われ、キャビンの照明を少し落とし、乗客にとっては約5時間余りの休息時間となり、機内のエンターテイメントプログラムで映画や音楽を楽しむといった自由にくつろぐ時間となる。一方で、客室乗務員は、ギャレーで、乗客に提供する間食やスナックや飲料の準備を行い、定期的にキャビンを巡回しながら乗客に提供し、乗客の個人的な要望に対応し、30分ごとのトイレ清掃を行う。その間、同僚と交代制で食事をする。そして、2食目のサービス提供の1時間前には、再度、飲み物や食事のサービスカートの準備をして、温かい食事の準備を行う。

フライト到着の2時間前に、2食目の食事と飲み物の提供を行った後、客室乗務員は到着前の作業を行う。機内に搭載されている飲食物や免税品等、すべての搭載品を収納し、保税品や会計の処理を行い、乗客から預かった上着やコートの返却、離陸前の安全確認をして着席する。着陸後は、ドア担当の客室乗務員は、機長の指示で、着陸に際してドアモードをオートマティックからマニュアル（自動から手動）へと変更する。機長および担当の客室乗務員によるお礼のアナウンスの後、機体は空港ターミナルへと滑走を続けて指定されたゲートに到着すると、ボーディング・ブリッジが設置される。そして、機体のドアが開かれ、すべての乗客が降機されたのを確認した後、各キャビンでは、客室乗務員による乗客の座席やオーバーヘッドロッカーの忘れ物のチェックを行い、地上職員および整備への状況の引き継ぎの後に、機長やチーフパーサー、パーサー、その他の客室乗務員は、到着後のブリーフィングを行い、そのフライトで起こった出来事に関して、キャビンごとに責任者が報告を行う。

4 客室乗務員の航空会社の職場環境

客室乗務員の職場では、マネージャーは、機内で最も長く乗客と接して、その期待や要望を理解している客室乗務員と、機内で起こった出来事について、活発なコミュニケーションを図り、顧客視点のサービスの観点から積極的な会話を重ね、サービス向上を図っている。出発の際には、スタッフ全員が「行ってらっしゃい、気を付けて」と見送り、到着時には、「お帰りなさい、お疲れ様です」と笑顔で出迎えている。こうした日常的な何気ない一言が、客室乗務員のモチベーションを高め、顧客満足感を高める上質なホスピタリティサービスの実践へとつながる。

客室乗務員は、およそ10名前後で構成される細分化されたグループに所属し、グループのリーダーである客室乗務員は、一人ひとりのメンバーのサービススキルの向上や仕事についての様々な相談を受けて成長を支えている。グループの中で、リーダーとしてリーダーシップの発揮を促す職場環境は、チームワークにおけるリーダーシップの向上を促進するようになる。

客室乗務員は、常にチームワークで機内サービスを実践しており、チームワークの良し悪しは乗客に伝わりやすく、良好な対人関係の構築をしたチームのサービスは、瞬く間に顧客満足感を高める。同僚と協働することで、互いを認めて尊重し合い、相互に褒める職場環境の浸透に力を注いでいる。

仲間の何気ない行動に気付き、それを尊重して、ねぎらいの気持ちを言葉にして伝えることの効果は高い。相手に褒められると、自分が認められた喜びと仲間の支えがあることに気がつき、感謝の気持ちが生じるようになる。それを言葉にすることで、相手に対する敬畏や配慮、感謝する気持ちが育まれる。チームワークの向上には、一人ひとりが認められ、尊重される環境が不可欠であり、互いに褒めたたえる組織文化の定着を深化させて、チームワークを高める航空会社の職場環境と組織文化の構築に力を入れることが重要である。

また、客室乗務員は、乗務以外においてもグループに所属して、様々なプロジェクト活動に取り組んでいる。例えば、社内のＳＮＳを通じたサービスに関するアップデートな情報交換、社内外におけるＰＲ活動、免税品、提供するワインや食事のケータリング、アナウンス、新人育成のプログラムや乗客への観光案内の作成など様々な活動を実践している。このように、客室乗務員は、他部署と協力して活動に取り組む経験を通じて、組織全体でのチームワークの重要性を認識するようになり、チーム力を醸成する人材育成に重点を置いている。

第5章 客室乗務員の「察しのスキル」形成の学習プロセスを促進する10の乗務経験

本章では、客室乗務員の「察しのスキル」を形成する学習プロセスに焦点を当てる。サービス組織の中でも、上質なホスピタリティサービスの提供を目指す航空会社の13名の客室乗務員に焦点を当てて、明らかになった「察しのスキル」の成長の軌跡を紹介する。

客室乗務員の乗務務経験を通じた、「察しのスキル」形成の学習プロセスには、**「ルーティン型察し学習期」**、**「ルーティン型察し形成期」**、**「非ルーティン型察し形成期」**の3つの段階的なステージの変化がある[1]（図5-1を参照）。

「察しのスキル」形成の学習プロセスでは、客室乗務員が図5-2にあるような10の乗務経験の出来事に直面し、「自己本位の視点」から「非ルーティン型察しのスキルの獲得」へと至るスキル形成のプロセスにおいて、客室乗務員がそれぞれのステージで学びのポイントを得ることで、心境や考え、乗客に対するサービス行動を変容させ、次のステージへと上がり、「察しのスキル」形成を促進するようになる[2]（図5-2を参照）。図5-2では、客室乗務員の「察しのスキル」形成の学習プロセ

ステージ	内容
Ⅰ.ルーティン型察し学習期	「察し」のスキルを学習するプロセスにおいて，生じる自己本位の視点から，乗務経験を通して上司，同僚，顧客へと視点を広げ，俯瞰的視点から自己サービスを冷静に捉えるようになる段階
Ⅱ.ルーティン型察し形成期	チーム関係を意識した航空会社の職場環境の構築，個々の乗客の要望や期待を汲み取るサービスの重要性の認識が生起され，顧客志向のサービスの実践の必要性からルーティン型察しを形成する段階
Ⅲ.非ルーティン型察し形成期	サービスの研鑽を積み，周囲から顧客志向の高いサービス遂行が評価されるようになり，同僚との相互依存の関係の確立を通じて協働する中で，上司・同僚・乗客との信頼関係を獲得し非ルーティン型察しを形成する段階

図5-1　「察しのスキル」形成の学習プロセスの3つのステージ

出所：森〔2019〕

スを提示し、10の乗務経験の出来事を、先に述べた3つのステージごとに分けて詳しく説明する。

1　ルーティン型察し学習期

まず、乗務経験に伴う学習の始点は、**「ルーティン型察し学習期」**である。このステージでは、研修施設でのトレーニングを終えたばかりの経験値の浅い新人客室乗務員は、職務実践の現場である航空機に乗務し、基本的なマニュアルに基づいた「ルーティン型サービス」を提供の様々な職務経験を通して、学習するようになる。そこでは、新たな環境下で慣れない業務をこなすことに一生懸命で、自己本位の視点

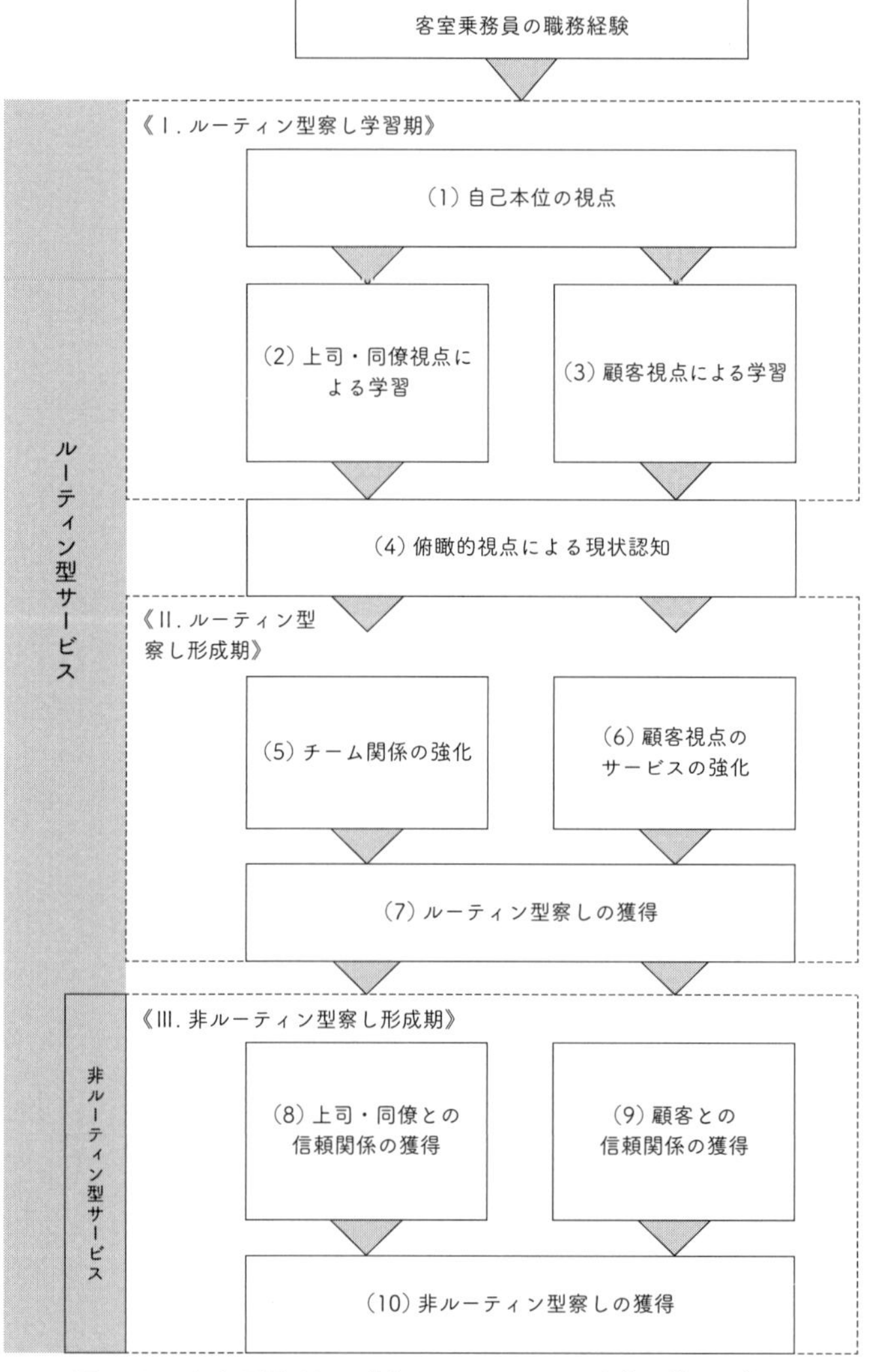

図 5-2　客室乗務員の「察しのスキル」形成の学習プロセス
出所：森〔2019〕

が生起されており、上司、同僚、乗客の多様な他者の視点を向ける余裕がない。だが、徐々に「ルーティン型サービス」の提供に慣れて、職場の多様な他者に視点を広げるようになる。例えば、現場で上司や先輩同僚からサービスに関する実践的指導を受け、「ロールモデル」として働き方を観察して模倣するようになる。また、乗客へのサービス提供を通して、顧客からのフィードバックを直接的に受けるようになり、顧客視点に意識を向けるようになる。このように**「ルーティン型察し学習期」**では、現場での実践的なサービスの経験を通して、自己本位の視点から、職場の多様な他者の視点を獲得することで学習が促され、俯瞰的視点から自己のサービスの現状を客観的に捉えて、顧客視点に立ったサービスの必要性を認識するようになる。

（1）自己本位の視点

新人の頃は自分の仕事に自信も無く、お客様のためというよりも決められた仕事のルーティンを確実にこなすことが、精一杯で自分に余裕がなかったように思います。（対象者G）

トレーニングを終えたばかりの新人客室乗務員は、一人前のサービス提供者として余裕がなく、新しい環境下で仕事に慣れることに一生懸命で、自己への関心に視点が向けられており、現場でルーティン型サービスを提供することに精一杯である。このような傾向は、初期段階に表れがちである。

（2）上司・同僚視点による学習

同僚によるロールモデル

この仕事は社会人になって初めての仕事で、接客業のアルバイトの経験もなくて。初期の頃は、一緒に働く先輩がお客様に気が利いたサービスをされている姿を見て、「自分はなんて気が利かないのだろう」とショックを受けていました。（中略）自分は、このままではいけないと思い、それからは、サービスに定評のある先輩と一緒に働くことがあって、そういう時には必ず、その先輩をよく観「察し」て、サービス方法を真似るようにしました。（中略）例えば、ランチのオーダーを取りに伺った際に、食事は要らないと言われたお客様には、サービスが始まった時に、もう一度召し上がらなくて良いかどうかの確認の声がけをしたり、（中略）再度、お飲み物を頼まれたお客様には、お好みの飲み物をこちらで記憶して、それと同じものをお持ちするなど、気を遣うようになりました。

（対象者Ｌ）

気の利いたサービス提供者になるには、サービス提供に定評がある同僚によるロールモデルを観察し、その働き方を模倣することで、現場で「ルーティン型サービス」を実践的に学習するようになる。

上司による現場での実践的指導

チームリーダーから、ギャレーにいらした女性のお客様とお話しをしていた際の内容について尋ねられました。（中略）一回目のサービスが終わって、ギャレーで私とお客様が長く話し込んでいましたので、心配していたようでした。その時は、同年代と思われる女性のお客様から、プライベートなお悩みについてご相談をお伺いしていました。（中略）その時のフライトで初めてお会いした見ず知らずの客室乗務員である私に、そのような個人的なお話をなさったことに上司が驚いていました。（中略）私は、お客様から「親しまれる客室乗務員」になりたくて、いつも笑顔で接するように努めていますとお答えしました。その時も、こちらから先に、お客様にお声がけして、そのようなお話になったことを上司に伝えました。（中略）「お客様があなたのことを信頼して、きっと、そのようなお話をなさったのよ」と上司に言われて、私のお客様に対する姿勢を認めてくださって、とても嬉しくて自分の接客に自信が持てるようになりました。（対象者Ａ）

上司と一緒に働いた際に、自ら設定した「乗客から親しまれる客室乗務員」という目標を、いつも心がけていることを褒められ、それが契機となり、サービススキルに自信を持つようになる。このように、上司から現場で直接的な指導を受けることは、初期の客室乗務員にとって、実りある気付きをもたらし、スキルの成長を促すようになる。

（3） 顧客視点による学習

顧客からのフィードバック

ご搭乗されている時に、初老の男性のお客様が、通路で何かを探されているように左右を見渡しておられるのを見つけて、「きっとお手洗いを探されているのだろう」と思って、お声がけしてみたら、やっぱりそうで。（中略）すぐに洗面室までご案内して、思いがけなく喜んで下さって、お礼の言葉をかけていただいて（中略）いつも人のことをよく観察する癖があったので、役に立てて、とても嬉しくて自信が持てたことを覚えています。 （対象者Ｉ）

搭乗中に何かを探している様子の乗客に視点を向け、その要望を汲み取ろうとする意識から行動の変化が生起される。すぐに乗客に声がけをして洗面室へ案内して、状況に応じた対応を行い、乗客からお礼の言葉をかけられるようになる。常に周りを観察する習慣が思いがけず功を奏して、察しのスキルの形成を瞬時に促進する。

（4） 俯瞰的視点による現状認知

俯瞰的視点によるサービス提供の現状認知

新卒でアルバイトの経験すらほとんどなくて、学生気分が抜けないまま入社しましたので、日々の乗務は新しい経験の連続と忍耐を学ぶ時期だったように思います。（中略）機体調整で飛行機の到着が3時間遅れて、フライト中にお客様から遅延の説明が十分でないと大声で叱られた時のことです。乗務員としても人間としても、未熟だった私はお詫びしつつも、遅れた原因も遅延のアナウンスを入れたのも自分ではないという、気持ちが表情に出ていて、お客様も読み取っていらしたと思います。（中略）到着後、そのお客様に「この遅延でビジネスに大きな悪影響が出たらどうしてくれる」と言いながら私の胸元をつかんでこられましたが、このような屈辱的で暴力的な経験は過去になく混乱してしまって、言葉を失ってしまいました。（中略）この経験がきっかけで、人は表情から多くの情報を得るので、自分の感情はコントロールすること、怒っている方は困っているからだと理解して、相手の立場に立った接客を学んだと思います。（対象者B）

飛行機の到着遅延のため乗客に叱責されたことから、その原因が自分にあるのではないという自己本位の視点が表情に出てしまい、乗客を怒らせてしまったことに対する反省の念が生じ、顧客視点から捉える思考の変化が生じる。こうした上司、同僚、乗客の多様な他者の視点に立った客観的な見方を獲得することで、自分の置かれている状況や立場を相対化し、現状に対する異なったサービスの認識を通して、俯瞰的視点からサービス提供の現状認知が生起され、顧客視点に立ったサービスの必要性を認識するようになる。

2　ルーティン型察し形成期

ルーティン型察し形成期では、一定の経験を積み、仕事の遂行能力が評価されるようになると、顧客満足感を促すには何が必要かと自問自答するようになり、自分の置かれている職場環境への視点を広げるようになる。上司・同僚の視点から、チーム関係の強化が顧客満足につながるという思考の変化が生じ、円滑なコミュニケーションと対人関係を意識した職場環境の構築が促進される。また、顧客視点のサービスの強化には、個々の乗客の期待や要望を汲み取るサービス提供の重要性を認識するようになり、それを実践するスキルとして「ルーティン型察しのスキル」が獲得されることが明らかとなった。

(1)　チーム関係の強化

コミュニケーションと対人関係を意識した職場環境の構築

チームとして働きやすい雰囲気作りをしようと意識するようになりました。その結果でお客様の満足を得られるのではないかと考えるようになって。(中略) フライト毎にメンバーが変わるので、自分自身で工夫して、その都度やり方を変えて働くようになりました。(中略) 一人で多くのお客様の要望を汲み取ることは難しくて、同僚とコミュニケーションをよくとり、お互いに助け合って働けるように努めるようになりました。（対象者K）

「ルーティン型サービス」と「ルーティン型察しのスキル」を獲得し、周りから仕事の遂行能力が評価されるようになると、上司・同僚の視点から視野を広げて、職場環境に目を向けるようになる。そして、同僚とのチーム関係の強化が、顧客志向のサービスにつながるという思考の変化が生じて、円滑なコミュニケーションと対人関係を意識した職場環境の構築が促される。

（2）顧客視点のサービスの強化

個々の顧客の期待や要望を汲み取るサービス提供

色々なお客様と接して、お叱りを受けたり、喜んでいただいたことを経験して、普段口に出さないお客様の本音の部分を知り、一辺倒のサービスではすべてのお客様を満足させることは出来ないと思い、個々のニーズを拾い上げることの大切さを実感するようになりました。（中略）ある時、お客様のお席のリクライニングが故障していて、お客様を怒らせてしまったことがありました。当時はまだ新人で、未熟だったので、ひたすらお詫びし続けることしかできず、対応が十分でないと怒られたことがありました。怒られたことで気が動転してしまい、何度もお詫びすることで、早く許していただき、この場を何とかおさめようという心の内が顔に出ていたと思います。（中略）お客様にご納得していただけない場合、このまま私がひたすら聞き役でいるのか、少し時間をおいて再度伺うのか、代わりにリーダーに詫びてもらうのか、お客様の反応をよく「観察」して、どうすることが最善なのかを判断して対応するようになりました。（対象者G）

このステージでは、組織的意向が強く効率化に基づいた「ルーティン型サービス」が提供されている。一定のサービス提供の経験を通して、乗客の本音を知り、怒った乗客に対してただひたすらに詫びるばかりでは、乗客の満足を得ることはできないという思考の変化が生起され、個々の顧客の期待や要望を汲み取るサービス提供の重要性を認識するようになり、顧客視点のサービスの強化を促進させる。

(3) ルーティン型察しの獲得

顧客志向の獲得

入社初期の頃は、こちらから察するというより、お客様からのリクエストに上手く対応する事に必死でしたが、「ルーティン型サービス」にも慣れて、少しまわりが見えるようになってきました。（中略）高校ラグビー部の遠征の引率の先生が、機内で手元に帰りのチケットがない事に気付いて、入国できるか心配されていました。（中略）担当パーサーに相談して、機長を通して現地の地上職員に連絡し、到着後、入国審査の際にお手伝いをするよう手配をしてもらいました。（中略）後ほど、そのお客様から「無事入国できた」と喜んで、会社に感謝のお手紙を頂きました。（中略）それまではルーティンをこなすことで精一杯でしたが、一緒に働く同僚の働き方を真似て、困っているお客様がいらしたら、積極的にお声を掛けて、お話をよく聞き、何を望んでいるかどうしたら助けになるかを考えて、察しができるようになりました。（対象者J）

多くのサービス経験を通して、安定した「ルーティン型サービス」が実践されるようになると、視野を広げて、職場の多様な他者の視点に目を向けるようになる。チケットを忘れて困っている乗客の置かれた立場と状況に共感を示して重視するようになる。以前一緒に働いた同僚の対応を瞬間的に思い出し、それを模倣して機長やパーサーを巻き込み、自らリーダーシップを取ってサービスを実践するようになる。このステージでは、顧客志向のサービスの重要性を認識するようになり、顧客志向の獲得が促される。

3 非ルーティン型察し形成期

非ルーティン型察し形成期では、乗客に提供されるサービスは「ルーティン型サービス」から、「非ルーティン型サービス」へと移行する。客室乗務員は「ルーティン型サービス」と「ルーティン型察し」の獲得後、「非ルーティン型サービス」の多岐にわたる研鑽を通して、上司・同僚・乗客との関係性を高めると共に、一人の人間として高い共感性から、一人ひとりの乗客の期待や要望に臨機応変に対応するようになる。そして、客室乗務員の立場を越えて、顧客の気持ちに寄り添うサービスが促進され、高い利他的思考に基づく「和のホスピタリティサービス・マインド[3]」が生起され、上司・同僚・乗客との信頼関係の獲得が促され、「非ルーティン型察し」のスキル獲得が促進される。

(1) 上司・同僚との信頼関係の獲得

上司との相互関係の確立

奥様とご一緒にご旅行をされていた日本人男性のお客様が腸捻転にかかられ、パーサーと一緒にお医者様に連絡したり、降機されるまで2人で一生懸命お世話をしたことです。(中略) 私の担当のお席にお座りでした。一回目のお食事が終わって、フライトの中盤頃からご気分が悪くなられ、お顔には脂汗で、どんどん大変苦しそうな表情になられ、「これは大変なことになるのではないか」と心配になり、フライト中に私のお客様が病気になられるなんて初めてのことでしたので、とっても不安になりました。でも、自分の担当のお客様なので責任をもって助けなければと思い、パーサーに相談しながら、私が率先してこのお客様の看病をいたしました。自分が何度も病気をしたという経験から、このお客様のお気持ちや期待していらっしゃることが分かる気がして。（中略）操縦席からお医者さまに連絡して緊急処置の方法やお薬の処方を伺い、日本着陸まで一生懸命、看病いたしました。（中略）日本到着後には、ご自身で歩いて帰宅されるほどに回復されて。お元気になられて本当によかったと、パーサーと一緒に抱き合って喜んで、本当に嬉しかったことを覚えています。後日、奥様から、お礼状を頂きました。（対象者A）

担当の乗客が急病になり、乗客に対する高い共感性から、自ら率先してリーダーシップを取って、困難な状況で上司と協調して急病の乗客を回復した経験を通して、相互関係の確立を促進させて、上司との信頼関係の獲得を促すようになる。

チームで実践する「察し」の獲得

ドリンクサービス中に、反対側の通路を担当していた同僚が、お客様にお飲み物をこぼしてしまったようでした。満席だったので、同僚は慌ててお詫びをして、急いでおしぼりを手渡し次のサービスへと移動してしまい、（中略）私は反対側の通路の担当で、私がお客様の様子を覗ったら、おしぼりを渡されただけの対応に、ご立腹されていて。私もドリンクサービスの最中だったので、その場で同僚の代わりに対応することができなくて。（中略）飲み物のサービスが終わってギャレーに戻ったら、同僚が「お客様に対応が悪いと怒られて、何度も謝ったのだけど、まだすごく怒っておられる」と困った様子だったので。自分のサービスが終わってから、同僚に代わって、おしぼりを持参してお席に伺い、お話を真摯に伺いました。（中略）同僚のこぼしたシミはひどくはなかったのですが、持参したシミ取りで再度シミを取るようにいたしました。（中略）次第にご機嫌も戻られて、（中略）最後に、次回の出張でも利用するよと喜んでお声をかけていただきました。

（対象者D）

決められた業務時間内にサービスを提供しなければならない航空会社の職場環境では、早期に問題を解決することが求められている。同僚が怒らせてしまった乗客を、同僚に代わってチームで協力し合い、柔軟に対処することが早期解決につながるという、同僚へのフォローの思考が生起される。そして、チームで協調して問題を対処することで、チームで実践する「察し」の獲得が促進され、同僚との信頼関係の獲得へとつながる。

（2）顧客との信頼関係の獲得

顧客の気持ちに寄り添うサービスの確立

他社のカードホルダーの女性のお客様が、ビジネスクラスの私の担当のお席にいらっしゃいました。ご搭乗の最中で、忙しさがピークになっているところに、「あれしてほしい、これしてほしい」と、個人的な特別なリクエストを次から次へとされるので、内心「ちょっと大変なお客様」かもと思いながら、出来る限り対応していました。（中略）お客様が搭乗されてから飛行中もイライラされた感じで、ひっきりなしに個人的な用件を頼まれるので、他のお客様に迷惑のかからないように気を配りながら、出来る限りの範囲で対応していました。（中略）サービスが落ち着いた頃にお話を伺うと、ツアーにお一人で参加され、他の方は大半がお二人でツアーに参加されておられるとのことでした。お一人で参加されていると伺っていたので、「もしかしてお一人で寂しい思いをされているのかも」と思い、一回目のお食事のサービスが終わって、ひと段落したので、少し時間をかけて対応するように努めました。次第に、お客様の威圧的な態度が変化して、フライトの最後には「こんなに一生懸命お話を聞いて、丁寧に対応してくれたことは今まで乗った中で初めてで、とても嬉しかった」とお礼の言葉をかけていただきました。（中略）常にお客様に話しかけられたら真摯にお話を聞くように、少しの時間でも立ち話でも、お客様とコミュニケーションを取れるように心がけているつもりですが。私自身もお客様のお話を真摯に聞くこ

との大切さを、あらためて再認識させられたフライトでした。（対象者A）

乗客の気持ちを重視するという思考と行動に変化が生じ、乗客の置かれた状況や立場に高い共感性を示し、多忙なフライトで時間的なコストを伴いながらも、顧客の気持ちに寄り添うサービスが促進される。気難しい乗客に対する、個人的な用件の対応に、他の乗客のサービス提供に迷惑を掛けないようにと気を配りながら、乗客の気持ちを尊重して真摯に向き合うようになる。こうした思考と行動の変化から、顧客の気持ちに寄り添うサービスが確立されて、顧客との信頼関係の獲得へと促される。

顧客との協同関係の確立

日本人が多くを占める私の担当キャビンで、外国人のお客様でスペイン語しかお話になられない方がいらっしゃいました。私も何とか、英語と身振り手振りでコミュニケーションを取っていたのですが、どうしても確実にお伝えしなければならないことが出てきて困っていました。このままでは、お客様にご不便をおかけすることになるので何とかしなければという思いが先立ち、機内に居合わせた日本人女性の添乗員さんが、確かスペイン語をお話しされていたことをとっさに思い出して、この方ならお願いしても大丈夫だと思い、厚かましくも通訳をお願い致しました。（中略）後ほどお礼を申し上げた際に、お客様への一生懸命な姿勢に好感と親しみをもてたから助けてくださったと話されました。（中略）私は、フライト中は、常に担当のお客様の様子を観察することを心がけていて、「このお客様ならお願いしても大丈夫」という確信みたいなものがあってお願いしたのですが、本当に良かったと思いました。（中略）お客様とお互いに通じるものがあったというか、分かり合えたというか、お客様との間に信頼関係が築けた気がして、とても嬉しかったことを覚えています。

（対象者M）

コミュニケーションを上手く取れずに困っている乗客への共感性を高め、顧客志向のサービスの実践を通して、顧客から信頼を得るようになる。その場に居合わせた担当の顧客との協同関係を通して、困難を乗り越えて問題を解決するようになる。客室乗務員と乗客が互いの立場を越えて一体化され、相互理解し合えるようになり、顧客との協同関係の確立が促進され、顧客との信頼関係が獲得される。

（3）非ルーティン型「察し」の獲得

和のホスピタリティサービス・マインドの獲得

ご高齢のお客様がかなり速いペースでお酒を召し上がっていたので、（中略）少しペースを落として飲んで下さるようお願いしたのですが、飲まずにはいられないと笑いながらも泣きそうになっていらして。お話しを伺ったところ、戦後シベリアに抑留され多くの戦友を亡くしたお話をされました。（中略）極寒の地で過酷な労働を強いられて、望郷の念に苛まれながら、若くして命を落とされた戦友のお話は胸に迫り、「そうした犠牲の上に立って、私たちは今の平和な時代を生かせて頂いている」と、私自身の気持ちを伝えました。お客様は胸に詰まっていた思いをお話になって、多少お気持ちが落ち着かれたので、ドアまでご案内して窓から亡き戦友の方々に一緒に手を合わせました。（中略）フライトでは、こうしたお客様の人生の一部を垣間見るような、貴重な経験をすることがまれにあって。（中略）この経験は、私のサービス提供というより、人生観に少なからず影響があったと思っています。（中略）いずれにせよ、より多くの経験と視点を持つことが、機内で人の心を相手に仕事をする際の要になるのではないかと思っています。

（対象者B）

このように、「非ルーティン型サービス」の経験を重ねるようになると、サービス提供中での乗客との会話から、乗客の心の内を察するようになる。乗客に対する高い共感性から、一人の人間として乗客と客室乗務員の関係を超越して、「この人のために何かをしてあげたい」という高い利他的思考に基づく、「和のホスピタリティサービス・マインドの獲得」が生起され、「非ルーティン型察し」の獲得へと結びつく。

第5章のまとめ

✈客室乗務員のサービスには、「ルーティン型サービス」、「非ルーティン型サービス」の2つの形態があり、それぞれのサービスに伴う「ルーティン型察しのスキル」、「非ルーティン型察しのスキル」の2つの「察しのスキル」の形態がある。

✈乗務経験を通じた客室乗務員の「察しのスキル」形成の学習プロセスには、「ルーティン型察し学習期」、「ルーティン型察し形成期」、「非ルーティン型察し形成期」の3つのステージがある。

✈「察しのスキル」の形成のプロセスでは、客室乗務員は10の業務経験を通して、上司、同僚、顧客の職場の「重要な他者」と様々な出来事に直面して学びを得て、「察しのスキル」を形成する。

注

（1）これら3つのステージは、さらに細分化された段階から成る学びのプロセスによって構成され、詳細については森［2019: 77–92］を参照。

（2）グラウンデッド・セオリー・アプローチは、仮設生成のための手法であり、生成された仮説については別途検証を行う必要がある。

（3）茶の湯の精神に基づく無償のもてなしでは、主人は自身のことは後回しにし、客人を喜ばせることを優先する［鈴木 2002］利他的行動を指す。本書では、こうした深い思いやりの心に基づく茶道のもてなしの精神を「和のホスピタリティサービス・マインド」と定義した。

第6章 客室乗務員の「察しのスキル」形成を促す職場のサポート

本章では、客室乗務員の機内サービスの2つの業務形態である「ルーティン型サービス」および「非ルーティン型サービス」に伴う察しを、「ルーティン型察しのスキル」および「非ルーティン型察しのスキル」と定義付け、ルーティン型察し形成期および非ルーティン型察し形成期の各期において、**「察しのスキル」形成を促す職場のサポート**には、どのような差異があるのかについて焦点を当てる。客室乗務員は、職場の上司、同僚、乗客から、どのような職場のサポートを受けて、スキルを獲得するのかを見ていく。

検証の結果、**「察しのスキル」形成を促す職場のサポート**には、有意義な**「サービス行動の進歩」**、**「察しのスキルサポート」**、**「対人配慮サポート」**の3つのタイプがあることがわかった。有意義な**「サービス行動の進歩」**は、**「ルーティン型察し形成期」**（1~5年）および**「非ルーティン型察し形成期」**（6年以上）の2つの形成期に共通して、「察しのスキル」形成を促す3つの職場のサポートのなかで最も影響を及ぼす重要な要因であり、必須要件である。**「察しのスキルサポート」**もまた、**「ルー**

ティン型察し形成期」および**「非ルーティン型察し形成期」**に共通して、スキル形成を直接的に促す技術的なサポートである。**「対人配慮サポート」**は、**「非ルーティン型察しの形成期」**において、「非ルーティン型察しのスキル」形成を促す配慮に基づく対人的なサポートである。このように、「察しのスキル」の2つの形成期では、職場のサポートの形態が異なることが明らかとなった(1)。

1 ルーティン型察しのスキル形成を促す「察しのスキルサポート」

(1) 上司のポジティブな「察しのスキルサポート」

上司のポジティブな**「察しのスキルサポート」**には、「ルーティン型察しのスキル」形成の促進に関するものが多く、上司は経験値の低い客室乗務員の「察しのスキル」形成に自信を持たせようと、現場で自ら実践的な指導を行うようになる。訓練を終えたばかりの客室乗務員は、現場でルーティン型サービスを提供するようになると、上司から直に「察しのスキル」の形成に必要な「観察」、「推察」、「配慮」の**「察しのスキル」を構成する3つのスキル**に関する指導を受け、その重要性を認識し、積極的に自らのサービスに取り入れるようになる。こうした、上司のポジティブな「察しのスキルサポート」は、キャリアが浅い客室乗務員のルーティン型察しのスキル形成の促進に影響を及ぼす。

上司のアドバイス

〈上司の励まし〉

入社してすぐ、最初に担当して下さった、チームリーダーのアドバイスが、後の私のお客様に対する「察し」に大きく影響を受けていると思います。チームリーダーが、ちょっとしたことでも私の仕事の進歩を見つけて評価して下さり、「いつも笑顔でお客様に対応していてとってもよかった」、「スポンジのようにすぐに知識を吸収するのが、素晴らしいわ」とか、フライトするごとに励ましてくださったことが嬉しくて、自分の仕事に対する自信につながったと思っています。

（対象者E）

このように仕事の自信を持てずにいた新人の頃に、共に働いた上司からの励ましの言葉を受け、自分の仕事に対する姿勢を評価され、仕事が上手く出来ていることを認識するようになり、仕事に自信が持てるようになる。

〈親しみやすい笑顔〉

チームリーダーから、ギャレーにいらしたお客様とお話しをしていたことについて尋ねられました。（中略）一回目のサービスが終わって、ギャレーで私がお客様と長く話し込んでいましたので、心配していたようでした。その時は、同年代と思われる女性のお客様から、お悩みについてご相談をされていました。（中略）そのフライトで初めてお会いした、見ず知らずの客室乗務員である私に、そのようなお話をなさったことに上司が驚いていました。（中略）私は、お客様から親しみやすい乗務員になりたくて、いつも笑顔で接するように努めていて、その時も、こちらから、お客様に笑顔でアプローチしたことがきっかけで、そのようなお話になったと伝えました。（中略）「お客様があなたのことを信頼して、そのようなお話をなさったのよ」と上司に言われて、私のお客様に対する姿勢を認めてくださって、とても嬉しくてサービススキルに自信が持てるようになりました。

（対象者A）

「乗客から親しまれる客室乗務員」という自己のサービス目標を定め、いつも心がけている乗客への親しみを感じさせる笑顔を、現場で実践していることを上司から褒められて、その重要性を認識することで、いっそうサービススキルに自信を持つようになる。

〈声がけの方法〉

チームリーダーに、お客様に声がけをする際の苦手意識を取り除いていただいたと感謝しています。その当時、新人の時期を終えてはいましたが、私はお客様の中でも、とくにファーストクラスのお客様に声がけをするのが、いつも緊張してしまって苦手だと相談しました。（中略）「人の話しを聞くのが上手だと思うので、機内でもお客様のお話を聞くように、聞き手に徹していたら良いのでは」と言われ、このようなことを言われたことが初めてで、本当に嬉しくなって、それからは毎回のフライトで実践することでお客様に対する苦手意識がなくなり、その時のチームリーダーに本当に感謝しています。（対象者Ｅ）

緊張を感じて上手く出来ないと思っていた「声がけ」について、チームリーダーからアドバイスを受け、これまで自分では気付かずにいた「相手の話をよく聞く」姿勢が、乗客への「声がけ」に有用であると認識するようになり、それを積極的に取り入れることで苦手意識がなくなり、自己のサービス品質を高める転機となる。

「察しのスキル」獲得に必要な３つのスキルを学ぶ

〈観察〉

入社して最初の頃でしたが、チームリーダーと一緒に飛んだのですが、その時、上司から「お客様とアイコンタクトを取るタイミングが少しずれている」と言われました。実は、自分でも苦手意識があって、どうしたらよいかと悩んでいたところ、それを察したように指摘されて驚きました。（中略）上司に、「お客様の目をしっかり見て、笑顔でサービスすることが、お客様にお声をかけていただきやすい、親しみやすい客室乗務員になる近道だ」と言われました。（中略）そう言われて、その上司のサービスを見ていたら、確かに、お客様お一人お一人の目をしっかり見て、満面の笑みで、サービスされている様子が窺えて、やっぱり、さすがだなと思いました。（中略）それから、上司に言われたように、笑顔で、お客様の目をしっかり見るようになって。（中略）お客様との距離が縮まって、お声をかけていただけるようになりました。（中略）それから、自分から積極的にお客様にお声がけが出来るようになり、サービスの幅が広がるようになりました。

（対象者C）

「察しのスキル」の形成の初めの段階に必要なスキルである「観察」について、乗客に対する「アイコンタクト」が上手く出来ずに悩んでいた初期の頃に、上司のポジティブなフィードバックを受けてサービスに取り入れることで、乗客との距離が近くなり、幅広いサービスが実践できるようになる。

〈推察〉

私が、お客様を接客する上で、一番大切にしていることは、お客様をまずよく見て推察することです。一般的には、人を見た目で簡単に判断するのはと、あまりいい意味で使われないことも多いのですが。新人の頃、ベテランのチームリーダーとご一緒させていただいたことがあって、その時、教えていただいたことが、本当に役立っています。（中略）私たちのような直接にお客様のサービスにあたるフロントラインスタッフは、お客様の第一印象やアイコンタクトなど、少ない情報から、お客様を推察することが、その後の対応の仕方に関わってくることがあります。（中略）お客様がご搭乗される時から、アンテナを張り、笑顔でお迎えして、声がけをして、特に最初の会話は大切にするようにしています。例えば、お客様の声のトーンが明るいか、沈み気味か、気さくか、せっかちかのんびりムードか、会話が弾むか、なるべく放置しておいて欲しいかなど、ご様子を見ながら、お客様の要望を汲み取ることを心がけるようになりました。よく相手を観察してその思いを推察することは、その後のサービス提供に大いに役立つ、接客の基本だと理解できるようになりました。（対象者Ｈ）

初期の頃に、乗客に対する「推察」について、サービス提供に圧倒的な定評のある、上司からの直接的なアドバイスを受け、その重要性を認識するようになる。現場での「アイコンタクト」や「声がけ」の実践を通して、察しのスキル形成に必要な３つの接客の基本となるサービススキルを取り入れることで、「察しのスキル」を徐々に習得するようになる。

〈乗客への配慮〉

お客様にお食事のオーダーを伺うのですが、食事の搭載数は限られていて、すべてのお客様にご希望のお食事を差し上げることが出来なくて、お客様を怒らせてしまうことがあります。（中略）私は一度も怒られたことがなかったのですが、これまで、お客様を怒らせたことがないのは、常にお客様の気持ちに寄り添うことを意識して、出来るだけ一人ひとりのお客様に接するようにしているからではないかと思っています。例えば、お客様が搭乗される時に、明るく感じよくご挨拶をして、フライト中は、どんなに忙しくても、出来る限り、お客様とひと言だけでもコミュニケーションを取り、早い段階で打ち解けるように努めています。可能な限り「声がけ」をすることで、お客様のご様子がわかり、それと同時に「お客様のことを気にかけています」という気持ちが、お客様に伝わるのだと思っています。こうした私の姿勢を、リーダーから、褒められて、自信が持てるようになりました。

（対象者A）

乗客の気持ちに寄り添うという自分のサービス目標を掲げ、日常的に心掛けていた乗客への「配慮」について、チームリーダーから評価され、今まで自分が実践してきた乗客の気持ちに寄り添う姿勢に自信を持つようになる。

〈同僚への配慮〉

新人の頃は、日常的に周りを気にしながら、自分の立ち位置に注意していました。エコノミークラスでは、機内の通路が狭いので、お客様のお話を伺う場合、私たち乗務員が通路に跪いてしまうと、お客様が通りにくくなってしまうので、お客様との会話は出来るだけ短めにするようにと上司に言われことがありました。それからは、キャビンでサービスをしている時にも、狭い通路でお客様の存在にいち早く気づいて、通路をあけるようにするなど、お客様に気を配ることが出来るようになりました。（中略）機内には客室とギャレーを仕切るカーテンがあって、消灯の時間には、いつもカーテンを閉めているのですが、ある時、同僚がカーテンを開けた後に、元に戻さず去っていった後に、先輩が何度もカーテンを閉めている姿を見て、狭い機内ではお客様だけではなく同僚に対しても、いやな思いや迷惑をかけないように、気を配ることが必要だと気付くようになりました。（対象者C）

狭い機内での立ち位置やギャレーを仕切るカーテンの開け閉めに関して、上司からアドバイスを受けたことがきっかけで、客室乗務員の「配慮」は、乗客への「配慮」だけではなく、同僚への「配慮」の必要性を認知するようになる。チームで協調して取り組む客室乗務員の職場では、同僚に対する「配慮」の認識は、「察しのスキル」の獲得を左右する重要なポイントである。

（2）上司のネガティブな「察しのスキルサポート」

上司のネガティブな**「察しのスキルサポート」**には、上司の注意やネガティブな評価などのネガティブなフィードバックがある。特に、経験の浅い客室乗務員は、職場環境に慣れないためにサービス提供に自信が持てず、機内で起こる様々な出来事にどのように対応したらよいのかと戸惑いを感じて、上手くサービス提供を出来なくて失敗することがある。こうした、上司のネガティブな「察しのスキルサポート」は、客室乗務員のワークモチベーションを低下させ、ルーティン型察しのスキルの成長が一時的に低下する。

上司の注意

その日も満席のエコノミーの担当になりました。機内の安全設備についてご案内をしている時に、私の担当のお客様が3人席にカップルとひとり旅らしいお客様が座っていらしたことに気がつきました。（中略）たしか、いくつか空席があったのでお一人の旅のお客様にお席の移動のご意向を伺ってから、移動させていただこうと考えていました。（中略）出発前のあまりの慌しさで、うっかり忘れてしまっていて。離陸してギャレーに戻る時に思い出したのですが、その時ギャレーでは、すでにみんながドリンクサービスの準備を慌ただしくやり始めていました。（中略）前回のフライトで、お客様に呼び止められて、一人だけサービスに出遅れてしまって、その時リーダーからタイミングを見計らってサービスするようと注意されたばかりだったので。（中略）この時、お客様の座席の移動の許可を取る為に、自発的にチームリーダーに聞くことさえも自信が無くなっていました。（中略）今から思い返すと、経験不足だったと反省しています。（対象者G）

日々多忙なサービスの現場では、決められた時間内でいかにサービスの流れを妨げずに、乗客にスムーズなサービス実践を行うことが必要とされている。初期の客室乗務員は、上司の注意を受けて、仕事に対する自信の喪失を促して、自発的なサービスが出来なくなる。

上司のネガティブな評価

入社してから、３回チームが変わったのですが、初めの２人のリーダーは、サービスの成長に与える影響が大きかったと思います。その時のチームリーダーの指導が、ちょっとしたことを見つけて評価してくださる方で、（中略）ご一緒にフライトしても、必ず何か、私の対応で良かったことを見つけて、アドバイスされました。（中略）次のリーダーも、お会いすると必ずお声をかけて下さり、サービスについて困ったことがないかと聞いて下さり、親身にアドバイスされたことが、今の自分の成長につながったと思っています。（中略）３人目のリーダーは、サービスに関する考え方が違うのか、育てるというよりも、厳しく取り締まる感じで、緊張感が先立ってしまい、お客様の感情を読み取ることが出来なくなっていたと思います。（中略）その時は、やる気を失くして、お客様に積極的なサービスを提供することが出来なくなっていました。（対象者E）

サービスに対する考え方の相違から、新たに変わった上司のネガティブな評価を受けて、キャリアの浅い客室乗務員は、自律性の欠如を感じて意欲的でなくなり、ルーティン型察しのスキル形成が一時的に出来なくなる。

（3）同僚の「察しのスキルサポート」

客室乗務員の働く巡航高度3万フィートの機内という特殊な現場では、キャビンごとにチームワークで機内サービスを提供しており、短時間で的確な判断を行い、最善のサービスを実践することが必要とされている。未だ駆け出しの客室乗務員にとって、フライトごとに異なる乗客や職場環境に対応して、どのようなサービスを実践するべきかを、その場で一瞬に判断することは難しい。どのようにサービスを実践していくかを考えるためには、身近な存在にある同僚をロールモデルとすることが必要となる。また、フライト前後で行われるブリーフィングに参加して、先輩同僚が経験した成功談や失敗談を聞き、その対処法について話し合う機会を図ることで、多様な経験を持つ同僚の実践に基づく「察しのスキル」の学びからヒントを得て、自分も「こうなりたい」と思えるような「察しのスキル」の獲得を促すようになる。

ロールモデルからの学習①

サービスに定評のある先輩と一緒に働くことがあって、そういう時には必ず、その先輩の姿を見て、良いと思ったことをまねるようにしています（中略）。例えば、ランチのオーダーを取りに伺った時に、食事は要らないと言われたお客様には、ランチのサービスが始まった時に、もう一度召し上がらなくて良いか確認のお声がけをしたり、（中略）カップ麺を頼まれたお客様にお飲物を伺い、何も要らないと言われても、念のためお水や、もしお好みのドリンクをこちらで記憶していたら、そのお好みのドリンクをお持ちするなど。お客様の気持ちを「察し」て、いつもサービスされていて、お客様も満足されていらっしゃる光景を見て、お手本にしました。（対象者L）

サービス提供が評価されている先輩同僚と一緒に乗務した際に、乗客の気持ちを汲み取るサービスを実践している先輩の姿をよく観察して、それをロールモデルとすることで、具体的な顧客志向のサービスを捉えるようになり、より実践的な「察しのスキル」を学ぶようになる。

ロールモデルからの学習②

あるフライトでお財布を機内のお手洗いに忘れたお客様がいらっしゃいました。（中略）忘れたことに気づいたお客様が、ブレーク中にギャレーにいらして、尋ねられたのですが、残念ながらお財布は届いてなかったのです。（中略）お客様のお話によると、お財布の中にはこのご旅行で知り合った複数のお友達の連絡先を書いたメモが入っていて、それがないとそのお友達と2度と会えないと涙ぐんでおられました。（中略）先輩と私とお客様で、みんなで機内中何度も何度も繰り返して探したのですが、どこにもなくて。（中略）お客様がとても悲しんでおられる姿を見た先輩が「機内アナウンスで呼びかけてみましょう」と仰って、チームリーダーと機長に確認を取って、アナウンスを入れることになりました。アナウンスを3回も入れましたが届け出はなくて。

（中略）最後に大切なメモのことを付け加えてご説明してアナウンスさせて頂きました。（中略）しばらくしてから、同僚が後ろのドア付近で財布が見つかったと連絡がきて。お客様はすごく喜んで、何度もお礼の言葉をかけていただきました。（中略）先輩のお客様の気持ちに寄り添う姿を見て、私も先輩のような客室乗務員になりたいと思ったことを覚えています。（対象者M）

フライトごとに異なる機内環境や多様化された顧客に臨機応変なサービスを実践するには、職場で評価されている先輩同僚のサービス提供を、直に目で見て捉え、サービスの手本とすることで、未だ出来ていない「察しのスキル」の仕方を、具体的に習得することが出来るようになる。

同僚との活発なコミュニケーション

私たちの仕事では、いつも乗務の前と終わりに、ブリーフィングを行います。乗務する機長や副操縦士、チーフパーサー、パーサー、客室室乗務員が、フライトについての安全や飛行、お客様に関する情報、サービス提供等に関して確認をして、他のフライトでの出来事や問題になったことを共有して、フライトに活かそうと話し合いをしています。（中略）そこで、色々な失敗談やお客様にやって良かったこと、喜んでいただけたことなど、先輩や同僚の乗務の体験談を聞くことは、新人の私にとって本当に役立つことが多かったと思います。（中略）このことがきっかけで、お客様をよく観察して、コミュニケーションを取ることで、「お客様が何をして欲しいのか」

を学ぶようになっていったと思います。（対象者D）

未だ見習いの新人客室乗務員にとって、毎回のフライトだけでは、各自が経験できることは限りがあり、乗務前後のブリーフィングに参加して、同僚との活発なコミュニケーションを通して、先輩同僚の成功や失敗の体験談や対処法を聞くことで、誰にでも起こる可能性がある出来事と捉え、それを共有することは、新たな学びや気付きを生み出し、「察しのスキル」の形成をすぐに促進させる。

（4）乗客のポジティブな「察しのスキルサポート」

乗客のポジティブな**「察しのスキルサポート」**には、客室乗務員が提供したサービスに関する、乗客の感嘆、称賛、感謝、お礼の手紙などの肯定的な言葉がけがある。こうした、乗客のポジティブなフィードバックは、客室乗務員の「察しのスキル」に直接的に影響を及ぼし、ワークモチベーションの自律性を高めて、察しのスキルの品質を一瞬に高めるようになる。

乗客からの感謝の言葉

その日はビジネスクラスを担当でしたが、乗っていらした時から、終始イライラしている、男性のビジネス客のお客様がいらっしゃいました。離陸してからも、ドリンクサービスの時にも、まだイライラされているご様子でした。（中略）「きっと海外出張で、お疲れなのか、仕事が上手くいっていないのでは」と思って、お客様に寛いでいただけるように、様子を見ながら接していました。（中略）「今回はお仕事でいらっしゃったのですか」、「何日くらい滞在されたのですか」と、少しずつお声をがけするようにしました。（中略）お客様は、最終的には心を開いてもらえることができました。（中略）初期の頃は、毎回のフライトで、お客様にサービスをすることが、自分にとって楽しくて、一生懸命お客様にサービスを提供するようになりました。お客様から感謝の言葉をかけていただくことで、自分の提供したサービスが評価されて、達成感を感じて、自分の自信になって、本当に嬉しかったことを覚えています。

（対象者F）

気が立っている様子の乗客に気付き、「ルーティン型察し」を初めて実践して、乗客から感謝の言葉をかけられ、自分が一生懸命に取り組んだサービスに対する評価と捉えるようになり、達成感を得ることで自分のサービススキルに自信を持つようになる。

乗客からの感謝の手紙

初老の男性のお客様が、私の担当のキャビンにご搭乗されてきたのですが、顔色が悪くて、咳き込んでいらっしゃったので、大丈夫かなと気になって、ご様子を伺っていました。日本に帰国される便でしたので、お疲れなのかなと思い、お声がけさせていただいたところ、「昨日から具合が悪くて、熱があって、頭が痛い」と仰って。（中略）体温調節に必要なものの準備をして、お薬も時間を計ってお持ちして、サービス提供の合間にタイミングを見計らって、お世話いたしました。（中略）フライト中で何とか回復されて、感謝のお手紙を頂きました。それからずっと、そのご家族との年賀状のやり取りが続いています。（対象者Ｈ）

具合の悪い乗客の様子を早い段階で見つけて、乗客に「観察」、「声がけ」を実践して、手当てをし、回復したことで、乗客から感謝の手紙を受け取るようになる。それは、自分が提供したサービスに対する高い評価と認識するようになり、自己効力感を高めて、仕事にやりがいを感じるようになる。こうした、乗客との印象に残る乗務経験は，忘れがたく記憶に残る。顧客と真摯に向き合うことは、時に困難を伴うが、それを乗り越えて、良好な関係性を築くようになり、その関係性は長きにわたり持続される。

乗客との会話から本音を学ぶ

客室乗務員としてラインに出て働き始めた頃は、ルーティン・サービスを早く覚えて一人前になりたいと思っていました。（中略）現場で先輩から教えて貰ったことを参考にして、サービス提供をしていました。（中略）毎回のフライトで、色々なお客様と接して、普段口には出さないお客様の本音の部分を知り、一辺倒なサービスでは全てのお客様を満足させることはできないと思い、個々のニーズを拾い上げることの大切さを実感してきたように思います。（中略）まずは、お客様のご意向を伺うために、お客様と会話をすることを意識して、サービス提供ができるようになりました。

（対象者G）

乗客との会話から、乗客が求めているサービスは、基本的なマニュアルに即したサービスではなく、個々の乗客の期待や要望に対応するサービスの必要性を認識するようになる。乗客と積極的なコミュニケーションを図ることで、乗客の本音を理解するようになり、個々の乗客に対応する、顧客志向のサービスを実践するようになる。

（5）乗客のネガティブな「察しのスキルサポート」

乗客のネガティブな**「察しのスキルサポート」**には、機内で起こった様々な問題に関するクレームに関するものが多い。航空機内では、乗客ひとり一人の状況や要望も異なる上に、予想できない出来事が起こる。特に、初期のキャリアステージでは、経験値が浅いため、何らかの失敗をすることがある。特徴的な点は、客室乗務員は乗客からの注意や叱責などのネガティブなフィードバックを受けて、その否定的な言葉がけからワークモチベーションが一旦低下するが、自発的な内省を行い、それを自己のサービスの改善点として前向きに捉えて、積極的にサービスに取り入れて実践知を高めて、より上質な「察しのスキル」の形成を促すようになる。

乗客の注意

その日のフライトは、外気温が非常に高くて、そんな中で機内に乗り込んで来られたお客様のご様子を見ていたら、お客様が暑そうにされていたので、お食事の前にお渡しするおしぼりやお茶の温度を冷たくして、提供をさせていただきました。（中略）日本人のお客様には、大変喜んでいただけたのですが、外国人のお客様からは不評で。（中略）おしぼりが温かくない、お茶が冷めていると注意されました。（中略）暑いと感じた機内での冷たいお茶やおしぼりのサービスは、外国人のお客様には、伝わらないのだと初めて気がつきました。（中略）次からは、外国人のお客様には意向をうかがって、そのお客様に合わせたサービスを提供しなければと反省しました。

（対象者Ｋ）

個々の顧客の要望に柔軟に対応しようと、外国人客にサービスを行った際に、思いもかけず、ネガティブなフィードバックを受け、サービスの文化的差異を認知するようになる。乗客からの注意を受けたことで、自己視点なサービスを内省して、それぞれの文化に対応した、臨機応変なサービスの必要性を認識するようになる。

乗客の叱責

ビジネスクフスを担当することになりましたが、その際にお客様にご希望の和食を差し上げることができませんでした。その頃は、お食事のサービスはキャビン前方から始めることになっていて、前方にお座りのお客様からお好みのお食事を選択出来るサービス提供になっていました。そのため、どうしても後方座席のお客様になると、希望のお食事を選択できなくことがありました。この時は、和食を希望されるお客様がとっても多くて、あるお客様の直前で和食がなくなってしまいました。（中略）もしかしたらギャレーに和食が余っていないかと思って、パーサーに確認しましたが、結局なくて、お客様にそのことをお伝えしてお詫びしたのですが、その際の私の対応が気に入らなかったらしくて、怒らせてしまいました。（中略）初期の頃の私は、ご立腹のお客様には、どうしてよいか分からず、ただひたすら謝り続けるしかないと思っていました。（中略）ギャレーからその様子を見ていたチームリーダーが来て、私に代わって、お客様にお食事がないことへのお詫びとご説明をして、お客様のお気持ちがおさまられたようでした。（中略）ギャレーに戻ると、チームリーダーから「長期出張のお客様のようで、和食を召し上がりたかったようだから、次のお食事ではご希望のものを召し上がっていただくことにしたので」といわれました。（中略）この経験から、お客様をよく観察して、出来るだけ多くコミュニケーションを取ることで、「お客様がどうされたら嬉しいか」ということを先回りして考えるようになりました。

（対象者D）

乗客の叱責をきっかけに、乗客に対する自分の対応について自発的な内省をするようになり、乗客の期待や要望を的確に汲み取るにはどうしたら良いのか、という思考の変化が生じて、乗客に対する観察とコミュニケーションの重要性を認識するようになる。

このように、乗客の「察しのスキルサポート」は、ポジティブおよびネガティブ共に、客室乗務員のサービスの質を高め、顧客志向の高いサービスの実践へとつながる。特に、乗客が直接的に伝える言葉は、客室乗務員の「察しのスキル」形成を瞬く間に促進させる極めて重要な職場のサポートである。

（６）顧客への自発的なサービスの実践

客室乗務員は、ルーティン型サービスを完全に遂行するようになると、これまで積み重ねたサービス経験の蓄積に加え、子育てなどの公私にわたる様々な経験を通して、乗客に共感性を高めるようになる。様々な接客の場面で、個々の乗客の期待や要望に対応しようと、顧客志向を意識した自発的なサービスを実践するようになり、自己のサービススキルに自信を持つようになる。

初めての一人旅のサポート

離陸してすぐのドリンクサービス中に、私の担当のお客様が、フライトの現地到着時間についいておお尋ねになりました。（中略）まだ離陸したばかりなのに、もうすでに到着時間を気にされておられるのは、もしかしてお乗り継ぎがあるかもしれないと思って、お客様にお伺いしたところ、やっぱりそうでした。（中略）お客様に詳しくお話を伺ってみると、一人旅でお友達に会いに、初めて行かれるとのことでした。（中略）一回目のお食事のサービスの後、すぐに、お客様のところに伺って、お乗り継ぎの案内、そして空港ターミナルの移動方法について、ご案内をさせていただきました。（中略）お客様から「初めての場所への一人旅でとても不安だったので、詳しく教えていただいて助かりました」と感謝のお言葉をいただきました。

（対象者D）

ドリンクサービス中の乗客との何気ない会話から、乗客の要望を瞬時に汲み取り、対応して、自主的にサービスを実践するようになる。乗客からの感謝の言葉をかけられたことで、自分の提供したサービスに対する評価と認識して自信を持つようになる。

消えた荷物の行方

今までの経験から、海外からの帰国便のお客様には、滞在先での問題や言葉の壁などで苦労された方も多く、ストレスをためて、不満足な表情のお客様が多いようにお見受けするので、そういうお客様には積極的にお声がけするようにしています。（中略）ある時、行きの乗り継ぎ便で、お荷物が届かず、旅行の後半で荷物を受け取ったツアーのお客様がいらっしゃいました。（中略）

帰りの便を担当したのですが、搭乗された際に、すぐに添乗員の方が聞きに来られ、団体ツアーのある一人のお客様の荷物が搭載されているかどうか、とても心配されていていらっしゃいました。（中略）添乗員さんのお話によると、お一人で参加されたお客様でツアーの最中ずっと機嫌が悪く大変だったとのことでした。（中略）そのお客様は私の担当ではなかったのですが、すぐに地上職員にお願いして搭載されていることを確認してもらって、離陸するまでに、その添乗員さんにお伝えし、お客様にも安心していただこうと思い、私が直接ご本人のところへ伺いお伝えしたところ、お客様は「ようやく安心できました」と微笑まれ、本当によかったと安心いたしました。

（対象者M）

往路の便で荷物が届かず、大変な思いをされた乗客に共感性を示し、その心に寄り添い、その場で出来る最善の対処法を見出して、顧客志向を意識したサービスを積極的に実践するようになる。

ブラインドを閉めない乗客

お食事の後、お客様がお休みになられる時間帯のフライトでは、機内を暗くするために、窓際のお客様には窓のブラインドを閉めていただくようお願いするのですが、ある外国人のお客様が酷い剣幕で拒否されたことがありました。最初は驚いたのですが、もしかしたら狭い所が苦手な方なのかもと思い、お願いすることをやめました。（中略）そのお客様には、定期的に様子を見ながら、お声をかけたり、リラックスしていただこうと温かい飲み物をお持ちしたりしました。（中略）途中から落ち着かれたようでお休みになられました。

（対象者C）

基本的なマニュアルに即して、窓のブラインドを閉めようと試みるが、思いがけなく乗客に拒絶されたことで、その思いを瞬間的に汲み取り、共感性を示して、乗客の心に寄り添い、マニュアルを超えたサービスを自発的に実践するようになる。

子連れの乗客への共感①

仕事にもやっと慣れてきた入社7年目に妊娠、出産して、二足の草鞋を履く生活が始まりました。子育ては、ままならないことの連続で、時には煮詰まって、心が折れそうになりながら、普通の母親としての経験も意外に乗務に影響がありました。（中略）クリスマスやお盆のお里帰りのシーズンになると、子連れのお客様が多く乗ってこられます。国際線で長い時間、狭い機内で過ごすのは、大人でも苦痛を伴いますが、子どもたちにとっては、さらにつらい環境なので、泣き止まない赤ちゃんや通路を走り回る子どもなど、親御さんたちは本当に大変です。（中略）他のお客様に迷惑をかけてしまい心苦しい思いをなさったり、泣き叫ぶ赤ちゃんをどう扱ったらいいのか手をあぐねていたり、私も同じ経験をしてきましたので親御さんたちのお気持ちは痛いほど分かります。そのような時には、お子さんの相手をしたり、泣き止まない赤ちゃんをマッサージしながら、親御さんともお話をして、お気持ちを楽にする手伝いをしています。（中略）お客様のお気持ちに共感するということは接客の基本で、心から共感するには想像力と経験が必要ですが、私は子育ての経験を通してお客様に対する共感性が培われてきたと感じています。（対象者Ｂ）

子連れの乗客への共感②

お客様に対して、いつも自分の家族がどう扱われたら嬉しいかということを頭に入れて、接するように心がけています。（中略）一番上の子どもを出産して復帰した後だったのですが、お子さん連れのお母様の大変さが分かるようになったと思います。同僚に分かりやすいように、子連れのお客様の特徴、要望やサービスの提供のやり方などを書いたメモを作成して情報として共有しました。（対象者Ｊ）

子連れの乗客への共感③

長女を出産後の復帰で、お子様連のお客様への気遣いができるようになったと思います。（中略）自分も子どもを連れて飛行機に乗ることがよくあったので、座りたくない、シートベルトをしたくない、のどが渇いているといって泣き止まない子どもの気持ちや、そんな泣き続ける子どもにイライラしたり、周囲のお客様に気を遣って、疲れ果ててしまう親御さんの気持ちがよく分かるようになりました。そんな時には、子どもたちに機内のおもちゃを差し上げたり、ジュースを差し上げたりして、お母さんにも出来るだけくつろいでいただけるように努めるようになりました。

（対象者A）

客室乗務員は、自己のライフイベントを迎え、様々な子育ての経験の蓄積を通して、以前よりも子連れの乗客に共感性を高めるようになり、自分の子育ての経験から学んだことや気付いたことを、子連れの乗客に対応する接客方法として共有して、意欲的に自ら進んで実践するようになる。

（7）失敗の克服

初期の客室乗務員は、サービス経験が浅いため、上手くサービスを遂行できず、何らかの失敗をすることがある。そして、自己の失敗について自発的に内省をし、新たなサービスの手法として取り入れ、乗客の立場に立ったサービスの必要性を認識するようになり、過去の失敗の克服から、「ルーティン型察しのスキル」の品質を瞬時に高めるようになる。

失敗からの学習

その日は、飛行機の戸口で乗ってこられるお客様にご挨拶をする担当でした。ターミナルと飛行機をつなぐ連絡通路を、ご年配の女性のお客様が杖を付きながら、ゆっくりと歩いていらっしゃいました。お客様がご提示された搭乗券の座席番号を拝見しましたら、窓側の席になっていました。もしかしたら、このお客様はお座席の配置をご存じないかもしれないと思い、「窓側の席だと、お手洗いの出入りに不便かと思いますので、通路側の席に変わられますか」とご提案し、「空港は広くて移動が大変なので、宜しければ車イスのご用意も可能です」とご案内いたしました。（中略）到着の時に、お客様から「言われるまでは何もわからなかったので、教えていただいて本当に助かって、快適な旅になりました」とお客様から感謝の言葉をかけられました。（中略）以前、同じようなことがあって、お客様にご迷惑をおかけしたことがあったので。この経験から、お客様に言われる前に、こちらからアプローチすることで、こちらが気にかけていることを気付いていただき、喜んでくださることを実感できてうれしかったです。（中略）お客様を観察して、コミュニケーションを取ることで、お客様が何をして欲しいのか、「察する」ことが出来るようになったように思います。

（対象者Ｄ）

新人の頃の失敗は、その後の対処の仕方によっては、サービス提供の質を高める新たな学びとなる。客室乗務員は自発的な内省を行い、失敗を教訓と捉えて、新たなサービスの手法として取り入れ、過去の失敗を克服して「察しのスキル」の形成を促す有意義な学びとなる。

（8）チームワークによる業務達成

ルーティン型サービスを完全に遂行するようになると、日々のフライトの経験を通して、顧客満足の必要性を認識するようになり、一人ひとりの乗客に臨機応変に対応するサービスの重要性を認識するようになる。近年の航空業界の環境の変化から、多様化された乗客に対応するサービス提供の範囲が限られていることを認知して、同僚との協働やチームワークの重要性の認識を通して、チームワークによる業務達成を促進するようになる。

相互依存のサービスの確立

時代背景が変わって、対格安航空会社など、熾烈な争いがある中で自分の飛行機に乗っていただいたという、お客様に、ビジネス的な部分からの感謝と共に顧客満足の必要性をより強く感じ、（中略）多くの外国人のお客様も増えて、お客様の層の変化に沿った、臨機応変なサービス提供が必要になっていると感じています。（中略）特に、最近、マンパワーの減少、サービス提供時間の制限により、自分がお客様に気付いて差し上げられる事が限られるようになり、同僚とインフォメーションを交換する事で、自分の担当キャビンではない、お客様のニーズを汲み取り、逆に、自分の担当のクラスのお客様に対応してもらう可能性が広がると思っています。（中略）例えば、外国人のお客様が地図を広げたりしている時に、日本の旅程や感想を聞いて会話のきっかけを作ったり、（中略）自分が休憩に行く前に、お客様がビデオの操作が出来ないので、今ご覧の映画が1時間後に終わるので、その頃に尋ねて欲しいと同僚に引き継いだり、同僚と助け合ってお客様にサービスをしたり、お客様とより良いコミュニケーションを取ることが大切だと感じています。

（対象者Ｇ）

近年の航空業界を取り巻く環境の変化から、多様化した乗客の期待や要望に対する臨機応変なサービスの必要性を認識するようになる。その背景には、マンパワーの減少、サービス提供時間の制限という、厳しい航空会社の職場環境では、乗客へのサービス提供の範囲が限られてしまうことを認識するようになり、仕事の領域を越えて、乗客の情報を共有し、異なるキャビンの同僚との相互依存のサービスの確立を通して、協働してサービに取り組み、チームワークによる業務達成を促す。

協調して困難を乗り越える

到着の2時間程前にお客様が倒れて意識不明になられてしまったことがありました。私はドクターコールをし、私たち乗務員を手伝ってくださったお医者様と担当の乗務員との仲介にあたり、他の同僚はＣＰＲ（心肺蘇生法）を試みました。毎年、このような事態を想定した訓練を受けているものの実際に経験してみて、いかにチームワークが大切であるかということを改めて感じました。重篤のお客様はフライト前半のお食事をあまり召し上がらず、少しお疲れのご様子でしたが、このようなことになるとは誰も想像しておらず、意識不明になられる前に、もう少し早く異変に気付くことはできなかったかと、何度も自問しました。（中略）このフライトがきっかけで、以前よりお客様の健康状態を深く観察する癖がついてきたように感じています。（中略）何か気になった時には、早い機会にお客様に声をかけて、コミュニケーションを取ることで、お客様からもご自身のことを話しやすい状況を作って、他の同僚とも、そのお客様の情報を共有することで、より的確な対応ができるようになりました。（対象者B）

乗客が急病になり、厳しい状況下で困難な業務にチームが一丸となって、協調して困難を乗り越えることが問題の早期解決につながるという、チームワークの重要性を認識するようになる。緊急事態が起こり、一刻でも早い問題解決には、乗客の状況を的確に判断して、同僚と乗客の情報共有して対処する必要性を認識するようになり、チームワークによる業務達成が促される。

2　非ルーティン型察しのスキル形成を促す「対人配慮サポート」

（1）上司の「対人配慮サポート」

客室乗務員は、サービス提供の経験をある一定以上積み、周囲から仕事の能力が評価されるようになると、上司から高い評価を得て期待されるようになる。新人の育成指導、役職者への昇進など、多岐にわたる新たな分野の業務に戸惑いながらも、その期待に応えようと一生懸命に取り組み、難易度の高い仕事を成し遂げて、自分の仕事の能力にいっそう自信を高めるようになる。上司の**「対人配慮サポート」**は、「非ルーティン型察しのスキル」の形成を成功へと導く。

新人の育成指導

私は新人の頃、他社に勤務していた経験がありましたので、機内サービスの仕事には慣れるには、そんなに時間がかからなかったと思います。（中略）国際線で仕事をすることが、毎回、本当に楽しかったことを覚えています。（中略）新しく、新人指導の仕事をいただき、責任を感じる毎日でした。（中略）本社での研修や毎月のミーティングを経験させていただき、ストレスもありましたが、上司からの期待や信頼が励みになって、嬉しくて。（中略）人を指導することで、自分も成長していると感じて、とても充実した経験だったと思います。

（対象者C）

役職者になる

役職者として、乗務員の査定に携わり、月々の部内の会議や、プロジェクト活動を率いるなど、同期の中では最初に任されて、頑張らなければと思っていました。（中略）日々のフライト業務だけではなく、多岐にわたる業務を任されたことが、自分の成長につながったと思っています。（中略）会社から期待されて、責任のあるポジションに身を置くことで、自らの言動を見直すきっかけになりましたし、自分よりもキャリアの長い先輩の査定をするようになったことで、先輩に評価を伝えるコミュニケーションの取り方とか、意思伝達の方法を試行錯誤して、大変な思いもしましたが、そのことが自らを成長させることにつながったと思います。（対象者J）

客室乗務員は、職場の重要な他者からサービス提供に高い評価を得るようになると、上司から期待され、接客サービス以外の新たな分野の業務を任されるようになる。多岐にわたる難易度の高い仕事を成し遂げることで、職場で自分の仕事の能力が高く評価されるようになり、プロフェッショナルなフロントラインスタッフとして自信を高めるようになる。上司の「対人配慮サポート」は、「非ルーティン型察しのスキル」の獲得を成功へと導く重要な要因である。

（2）同僚の「対人配慮サポート」

同僚の**「対人配慮サポート」**には、困難な業務における、自己の失敗に対する仲間の励ましなど、先輩や同僚の配慮に基づくサポートは、より対人的な意味合いをもつ。客室乗務員は常にチームで協調してサービスに取組み、身近な存在である同僚の**「対人配慮サポート」**は、客室乗務員にとって真に対人的なサポートとなり、「非ルーティン型察しのスキル」獲得を瞬く間に促進させる。

仲間の励まし

フライトの出発が遅延し、到着も４時間ほど遅れとなるフライトをオペレートしました。（中略）担当するキャビンのチームリーダーから、「お客様の中で今回の遅延によりお仕事等にご不便が生じ、日本に連絡をしたい方がいらっしゃるなら、操縦席からメッセージをお送りすることができるので、お声がけするように」と指示がありました。私の担当のキャビンで、該当する数名のお客様がおられましたので、順番にお声がけをいたしました。（中略）到着後にお客様が、「日本に到着したら、午後から重要な会議があるのに、間に合わなかったらどうしてくれる」とすごい剣幕で怒られました。（中略）新人だった私は、お客様のあまりのご立腹に動転してしまい、上空の無線の不具合等でメッセージが届いていなかったことのご説明もできず、ひたすら謝り続けていました。（中略）チームリーダーから、「機内で出来る限りのことはやったのだから、一人で責任を背負うことはないから、気にしないように」と言われ、先輩から「このフライトで、お客様に喜んでいただけるように一生懸命頑張ってサービスをしていたのを、誰よりも一番よく知っているから、元気出して」と励まして下さって、心が救われたことを覚えています。

（対象者M）

乗客から叱責されたことで意気消沈していた時に、先輩同僚からの「励まし」の言葉から心が救われ、仕事への自信を持つようになる。このように、常にチームでサービスに取り組む職場環境では、先輩同僚との関係性は密接で、心に寄り添う同僚の言葉から気持ちが救われ、助け合う仲間の存在に気付いて気持ちが高まり、喪失した自信を取り戻すきっかけになる。こうした、仲間の励ましやねぎらいの言葉など、同僚の**「対人配慮サポート」**は、すぐに「非ルーティン型察しのスキル」形成を獲得へと促す、何よりも代えがたい重要なサポートである。

（3）乗客の「対人配慮サポート」

乗客の**「対人配慮サポート」**には、現場で実践したサービスに対する乗客からの感謝や喜び、お礼の言葉などのポジティブなフィードバックがある。こうした、自分が実践したサービスに関する、乗客から受ける直接的な肯定的な言葉は、「非ルーティン型察しのスキル」の成長に瞬時に影響を及ぼす。重要な点は、客室乗務員は、仕事の領域を越えて、一人の人間として乗客に高い共感性を示し、「この人のために何かをしてあげたい」という高い利他的志向から、乗客の気持ちに寄り添うようになることで、利他的志向と共感性の確立を促して、仕事の領域を越えて、乗客の気持ちに寄り添うホスピタリティ溢れたサービスを実践するようになる。

境界を越えたサービスの実践①

離陸前に、咳を頻繁にされていて、明らかに風邪をひいて具合が悪いご様子のお客様に気が付きました。私の担当のクラスではなかったのですが、通るたびに咳をされていて大変そうで。（中略）そのお客様に、離陸後にのど飴をお持ちしたり、水分を摂るようにとお水をお渡しに行ったりしていました。お話の中で、前の晩から徹夜で、日本に到着後もすぐにお仕事があると伺い、大変なお具合に心配になりました。（中略）フライト中も通った時に、まだ苦しいご様子だったので、静かに温かいハーブティーと一緒にのど飴をお持ちして、常にご様子を伺っていました。この時は、お客様のご様子を見て、あまりにお具合が悪そうでしたので、お役に立てればと体調改善に役立つものをお出しして、「あなたのことを気にかけている人がいますよ」という、お客様の気持ちに寄り添うことで、安心してもらい、少しでも体調不良の緩和になればと思ってやったことでした。（中略）お客様に、よく飛行機に乗るけれど、こんなに優しくしてもらったことは、今までなかったと感謝の言葉を頂いた時は、本当にとてもうれしくて。（中略）それと同時に、いつもお客様の気持ちに寄り添おうとする私の対応が間違っていなかったことが証明された気がして、嬉しく思いました。

（対象者Ｉ）

体調の悪そうな乗客の様子にいち早く気が付き、体調の改善に少しでも良くなればという深い思いやりから、キャビンの垣根を越えて、異なるキャビンの乗客の心に寄り添う、真摯な姿勢で一生懸命に看病する姿勢から、乗客から感謝の言葉を受けるようになる。こうした境界を越えたサービスの実践は、「非ルーティン型察しのスキル」の品質を直接的かつ瞬時に促す。

境界を越えたサービスの実践②

そのフライトの担当はファーストクラスのキャビンではなかったのですが、忙しいフライトだったので、担当者に代わって、お客様にご搭乗のご挨拶に伺いました。（中略）あるお客様の表情が、とてもお疲れのご様子に見えました。（中略）そのお客様とのお話の中で、昨夜から一睡も眠らず、徹夜でお仕事をされていて、日本に到着後もすぐに会社に出社して、会議があると伺いました。そのようなお話を伺い、お客様のお仕事のハードなスケジュールで、ご体調が心配になり、私の方から、離陸後すぐにベッドをお作りするか、ご提案させていただきましたが、お食事もされたいとおっしゃったので、ファーストクラスの担当者に相談し、離陸してからすぐにお食事をお持ち出来ますよう、食事のオーダーを済ませて、離陸後、お食事の後にすぐにお休みいただけるように、お客様の隣の席にベッドを作るように準備をして、担当のキャビンに戻りました。（中略）フライトの最後に、またご挨拶に伺いましたら、そのお客様は、いつも徹夜でご搭乗されることが多く、乗務員がベッドを作るタイミングまで待てずに、そのままお席で寝入ってしまわれていたそうで。（中略）その日は食後すぐにベッドで横になられてぐっすり眠れたこと、今までフラットベッドの快適さを知らなかったことが残念だったと笑顔でお話くださって。お元気になられて本当によかったと、心から嬉しく思いました。（対象者J）

ファーストクラスの同僚に代わって挨拶に行った乗客との会話から、乗客の置かれた状況を認知し、高い共感性から顧客に寄り添う対応を行うようになる。多忙な出張を終えた乗客の体調を心から気遣い、一個人として顧客に共感するとともに、機内で少しでもゆっくり休めるようにと、その場で出来る限りの配慮を伴うサービスを実践するようになる。このように、「この人のために何かをしてあげたい」という、高い利他的志向から、境界を越えたサービスの実践が促される。

利他的志向と共感性の確立

仕事中、多数のお客様と接しているうちにお客様が期待していらっしゃることが分かるようになってきました。（中略）明らかに初期の頃の自分より、今の私のほうが自信を持って仕事をすることができています（中略）。仕事中で経験してきた様々なことが、自分の（「察し」の）成長に影響していると感じています。（中略）客室乗務員の成長はお客様の満足度と比例していると思います。（中略）どれだけお客様に自分の家族のように寄り添えるかということが一番大事だと思います。（中略）これまでのたくさんのお客様との出会いが、どんどん自分に貯まっていき、それが自

分の（察しの）成長につながっているように感じています。（対象者A）

このように、「非ルーティン型察しのスキル」の獲得には、これまでの様々な乗務経験を通じて出会った多くの乗客が関係している。客室乗務員は、これまでの多種多様なサービス経験を通して、乗客が満足を感じるホスピタリティサービスの実践には、乗客を自分の大切な家族のようにとらえ、気持ちに寄り添うことが最も大切であると認識するようになる。その思いに共感を示し、フロントラインスタッフの立場を越えて、一個人として、利他的志向と共感性の確立を通して、和のホスピタリティサービス・マインドが生起され、「非ルーティン型察しのスキル」を獲得へ導くようになる。

第6章のまとめ

✈乗務経験を通じた「ルーティン型察しのスキル」および「非ルーティン型察しのスキル」の2つの「察しのスキル」形成のプロセスでは、客室乗務員の職場における上司、同僚、乗客の職場の「重要な他者」の職場のサポートが「察しのスキル」形成を促進する重要な役割を果たしている。

✈客室乗務員の「察しのスキル」形成を促す職場のサポートには、有意義な「サービス行動の進歩」、「察しのスキルサポート」、「対人配慮サポート」の３つの要因がある。有意義な「サービス行動の進歩」は、「ルーティン型察し」および「非ルーティン型察し」の２つのタイプの「察しのスキル」形成を促進する極めて重要な要因である。また、「察しのスキルサポート」は、「ルーティン型察しのスキル」および「非ルーティン型察しのスキル」の２つのタイプの「察しのスキル」形成を促進する。一方で、「対人配慮サポート」は、「非ルーティン型察しのスキル」形成を促進する。

✈客室乗務員の「察しのスキル形成期」には、「ルーティン型察し形成期」および「非ルーティン型察し形成期」の２つの段階的なスキル形成のプロセスがある。客室乗務員は「ルーティン型察しのスキル」を獲得した後に、「対人配慮サポート」を受け、「ルーティン型察しのスキル」を強化して「非ルーティン型察しのスキル」を獲得へと促す段階的なスキル形成のプロセスがある。「察しのスキル」形成の促進には、客室乗務員を取り巻く上司、同僚、乗客の職場の対人支援が関係しており、こうした職場の「重要な他者」の職場のサポートが、「察しのスキル」形成を促進する上で重要な機能である。

注

（1） 以下では、「サービス行動の進歩」については、全ての「察しのスキル」形成の促進に共通している点を踏まえて割愛し、「察しのスキルサポート」と「対人配慮サポート」の2つに焦点を当てる。

終章　「察しのスキル」の展望

1　客室乗務員はどのように「察しのスキル」を獲得しているのか

本書を通じて、客室乗務員の乗務経験を通じた「察しのスキル」形成の学習プロセスとそれを促進する、上司、同僚、乗客の職場の関係性支援が、いかに客室乗務員の日々の業務に影響を与え、「察しのスキル」形成を促進させて獲得へと導くことを見てきた。本章では、研究の結果明らかになった新たな知見について述べる。

(1) 客室乗務員の「察しのスキル」形成の学習プロセスに関する知見

客室乗務員の乗務経験を通じた**「察しのスキル」形成の学習プロセス**について明らかになった学習の成果と学習プロセスの特徴について以下、2点挙げる。

第一に、データ分析により、客室乗務員は乗務経験を通じて「察しのスキル」を形成することが明らかになった。**「察しのスキル」形成の学習プロセス**の成果として、「上司・同僚との信頼関係の獲得」、「顧客との信頼関係の獲得」、「非ルーティン型察しのスキル」の獲得があるという結果が得られた。つまり、客室乗務員は乗務経験を通じて、初期の「自己本位の視点」から、上司、同僚、乗客の職場の多様な他者へと視点を広げ、現場で実践的なサービスの経験値を高めて、徐々に顧客志向のサービスの重要性を認識するようになり、それに関する思考と行動を変容させて、「重要な他者」との信頼関係の獲得を通して、「和のホスピタリティサービス・マインド」が生起され、「非ルーティン型察しのスキル」の獲得が促進される。

第二に、客室乗務員の乗務経験を通じた**「察しのスキル」形成の学習プロセス**の特徴は、**「ルーティン型察し学習期」**、**「ルーティン型察し形成期」**、**「非ルーティン型察し形成期」**から成る3つの形成段階がある。

まず、**「ルーティン型察し学習期」**では、客室乗務員の「察しのスキル」は、「自己本位の視点」から「俯瞰的視点による現状認知」への流れの中で形成される。初期の客室乗務員は、自己本位の視点から、現場における実践的なサービス経験を通じて、上司、同僚、乗客の「重要な他者」の視点を広げ、各々の視点による学習を促すようになる。現場で先輩同僚のロールモデルをサービス実践の手本とし、上司の実践的なフィードバック(1)からサービス提供を学習するようになる。そして、俯瞰的視点の獲得を介して自己のサービスの現状を冷静に捉え直すようになる。続く、**「ルーティン型察し形成期」**では、前期における「上司・同僚視点による学習」、「顧客視点による学習」を通して獲得された「俯瞰的視点による現状認知」から「ルーティン型察しの獲得」につながる。その過程には、「チーム関係の強化」および「顧客視点のサービスの強化」が関係している。客室乗務員は、チーム関係を意識した航空会社の職場環境の構築や、個々の乗客の要望や期待を汲み取るサービスの重要性を認識するようになり、顧客志向のサービスを実践するために、「ルーティン型察しのスキル」の獲得を促すようになる。最後に、**「非ルーティン型察し形成期」**では、「上司・同僚との信頼関係の獲得」および「顧客との信頼関係の獲得」が「察しのスキル」形成に関係している。

このように、客室乗務員は「ルーティン型サービス」の研鑽を通して、周囲からサービス遂行が評価されて認められるようになると、乗客一人ひとりの期待や要望を汲み取るサービスの実践が、より顧客志向のサービスにつながると認識するようになる。そして、上司・同僚とのチームワークの重要性を認識して、キャビンの境界を越えて同僚との相互関係の確立を媒介して、チームワークでサービスを実践するようになり、上司・同僚との信頼関係を獲得する。また、乗客に対する高い共感性と高い利他的思考から、顧客の気持ちに寄り添うサービスの実践能力を高める。このように乗客との協同関係の確立を通して乗客との信頼関係を構築し、「非ルーティン型察しのスキル」の獲得へと至る「察しのスキル」形成の学習プロセスの特徴を明らかにした。

一方で、以上に述べた客室乗務員の「察しのスキル」形成の学習プロセスは、すべての調査対象者に該当するものではない。複数の対象者の語りから、上司とサービスに関する考え方が合わず、充分な職場の支援が受けられなくなり、「察しのスキル」形成の促進が一時的に低下する場合もある。

客室乗務員の**「察しのスキル」形成の学習プロセス**の特徴について重要な点は、前述の3つの形成期において、上司、同僚、乗客の「重要な他者」との関係性が、段階的に徐々に強化されて、「非ルーティン型察し」を獲得する点である。例えば、**「ルーティン型察し学習期」**では、「上司・同僚視点による学習」、「顧客視点による学習」、**「ルーティン型察し形成期」**では、「チーム関係の強化」、「顧客視点のサービスの強化」、また、**「非ルーティン型察し形成期」**では、「上司・同僚との信頼関係の獲得」、「顧客との信頼関係の獲得」が示すように、「察しのスキル」形成の学習プロセスでは、職場の上司、同僚、乗客の「重要な他者」との関係性が徐々に強化されて、「察しのスキル」形成を段階的に促進される。その文脈には、「重要な他者」のサポートが不可欠であり、これは「察しのスキル」形成を促すきわめて重要な支援である。

（2） 客室乗務員の「察しのスキル」形成を促す職場のサポートに関する知見

第6章で述べたように、客室乗務員の「察しのスキル」形成においては、上司、同僚、乗客の関係性支援が、「察しのスキル」形成を促進する重要な要因である。本書では、客室乗務員の「察しのスキル」形成の学習プロセスを **「ルーティン型察し形成期」** および **「非ルーティン型察し形成期」** の2つの段階的な形成期に分け、各期において「察しのスキル」形成を促進する関係性支援の要因に差異があるのかを検証した。以下では、研究の結果から得られた関係性支援に関する新たな知見について、支援要因の特徴について3点述べる。

第一に、分析の結果から、客室乗務員の「察しのスキル」形成を促す関係性支援の要因には、有意義な **「サービス行動の進歩」**、**「察しのスキルサポート」**、**「対人配慮サポート」** の職場のサポートの要因がある。有意義な **「サービス行動の進歩」** は、**「ルーティン型察し形成期」** および **「非ルーティン型察し形成期」** の2つの形成期において、「ルーティン型察し」および「非ルーティン型察し」のスキル形成を促す重要な要因である。まず、**「ルーティン型察し形成期」** では、「ルーティン型察し」の経験値を高めて、個人で実践する「察しのスキル」の必要性を認識して、「ルーティン型察しのスキル」形成を促進するようになる。次に **「非ルーティン型察し形成期」** では、多様な乗客のニーズに対応する、臨機応変なサービスの必要性を認識するようになり、チームで実践する「察しのスキル」へと行動の変化が生じて、「非ルーティン型察しのスキル」形成を促す。このように、有意義な **「サービス行動の進歩」** は、客室乗務員の個人で実践する「察しのスキル」から、チームで実践する「察しのスキル」へと変化をもたらす極めて重要な支援要因である。この結果は、「察しのスキル」形成を考える上で示唆に富むものである。職場でチームリーダーが、常に有意義な **「サービス行動の進歩」**

を促すことが、客室乗務員をはじめフロントラインスタッフの「察しのスキル」の形成を促進する。**「察しのスキルサポート」**は、**「ルーティン型察し形成期」**および**「非ルーティン型察し形成期」**の2つの形成期において、「ルーティン型察し」および「非ルーティン型察し」のスキル形成を促進させる一方で、**「対人配慮サポート」**は、**「非ルーティン型察し形成期」**において、「非ルーティン型察し」のスキル形成を促進する。また、こうした2つの段階的な察しのスキル形成期において、特徴的な点は、**「ルーティン型察し形成期」**から、**「非ルーティン型察し形成期」**へと移行する際に、**「察しのスキルサポート」**から**「対人配慮サポート」**へとサポートの形態が変化する。つまり、客室乗務員は「ルーティン型察しのスキル」を獲得した後に、**「対人配慮サポート」**を受け、「ルーティン型察しのスキル」を強化して、「非ルーティン型察しのスキル」を獲得するという、段階的な形成プロセスがあることが明らかとなった。そこでは、客室乗務員を取り巻く上司、同僚、乗客の「重要な他者」の対人的な支援が重要な要因として関係しており、客室乗務員の「和のホスピタリティサービスマインド」の醸成には、職場の「重要な他者」の職場のサポートが、「察しのスキル」形成を促進する上で重要な機能を果たす。

第二に、本書で明らかとなった、客室乗務員の「察しのスキル」形成を促進する6つの新たな職場のサポートの要因について述べる。**「ルーティン型察し形成期」**では、「顧客への自発的なサービスの実践」、「失敗の克服」、「チームワークによる業務達成」の3つの要因が関係する。

まず、「顧客への自発的なサービスの実践」では、客室乗務員の「ルーティン型サービス」の経験の蓄積に加え、結婚や子育てなどの公私にわたる多様な経験から、乗客に共感性を示すようになり、様々な場面で乗客一人ひとりの期待や要望を汲み取り、顧客志向を意識した自発的なサービスを実践できるようになる。そして、「ルーティン型察しのスキル」の品質を高めて、「非ルーティン察しのスキル」へと移行を促す。

また、経験値の浅い初期の客室乗務員は、上手くサービスを提供できず、何らかの失敗をすることがある。「失敗の克服」は、自己の失敗を自発的に内省し、失敗を教訓と捉え、新たなサービスの手法として積極的に取り入れ、乗客の立場に立ったサービスの必要性を認識するようになる。過去の失敗の克服は、察しのスキルの品質を瞬時に高める。「チームワークによる業務達成」では、航空業界を取り巻く環境の変化から、顧客満足の必要性をいっそう認知して、個々の乗客への臨機応変なサービスを通して、顧客志向の高いサービスの重要性を認識する。その実践には、様々な乗客の状況や立場を的確に汲み取り、最善な方法で対処する必要性を認知して、異なるキャビンの同僚と相互依存のサービスの確立から、チームワークによる業務達成を通して、チームワークの強化を促し、チームで実践する「察しのスキル」の獲得へとつながる。

次に、**「非ルーティン型察し形成期」**では、「上司からの期待」、「境界を越えたサービス」、「利他的志向と共感性の確立」の3つの要因が関係する。まず、「上司からの期待」は、周囲から仕事の遂行能力が評価されるようになると、任された難易度の高い仕事を成し遂げ、上司の期待や信頼の獲得を通して、仕事に対する自信を高めてスキル形成を促進する。また、「境界を越えたサービス」により、客室乗務員の顧客志向はいっそう高められ、サービス品質はより高いものになる。客室乗務員は一人の人間として、乗客に高い共感性を示し、「この人のために何かをしてあげたい」という、高い利他的志向を確立するようになり、キャビンの垣根を越えて、ホスピタリティサービスを実践するようになる。「利他的志向と共感性の確立」では、これまでの多岐にわたるサービス経験の蓄積を通して、客室乗務員は、乗客が満足を感じるホスピタリティサービスの実践には、乗客を大切な家族のように捉えて、心に寄り添うことが最も大切であると認識するようになり、サービス提供者と乗客の関係性を超えて、一個人として乗客への思いやりと高い利他的志向から、和のホスピタリティサービスマインドが生起され、「非ルーティン型察しのスキル」の獲得へと促す。

以上より、客室乗務員の「非ルーティン型察しのスキル」形成を促す職場のサポートには、職場の上司、同僚、乗客との信頼関係に基づいて生じるものであり、「察しのスキル」形成の文脈には、職場の「重要な他者」との関係性の強化を介して、信頼関係が構築されて、「察しのスキル」の獲得へとつながると言えるだろう。客室乗務員の「察しのスキル」形成を促す関係性支援は、2つの段階的な形成期を通じて、**「察しのスキルサポート」**から、**「対人配慮サポート」**へとサポートの形態を変容させ、「察しのスキル」を獲得へと導く。

第三に、客室乗務員の**「察しのスキル」の形成を促す職場のサポート**については、乗客のフィードバックに関する言及が最も多く、ネガティブおよびポジティブなフィードバック共に、「察しのスキル」形成に重要な支援要因である。重要な点は、客室乗務員が乗客から受けるネガティブなフィードバックを、自己のサービス向上のために積極的に取り入れる場合には、「察しのスキル」の形成を促進する**「察しのスキルサポート」**として働くという点である。このように、乗客のネガティブなフィードバックは、客室乗務員にとってポジティブなフィードバックへと変化し、「察しのスキル」形成を促進する。また、乗客のポジティブなフィードバックは、客室乗務員のサービスに対する直接的な評価となり、サービス経験値を一層豊かなものにして、「察しのスキル」の形成を瞬時に促進する。これらの結果から、乗客のフィードバックは、「ネガティブ」および「ポジティブ」共に、「察しのスキル」の成長を促す重要な職場のサポートの要因であると言える。

もしあなたが、サービス組織のチームリーダーなら、チーム全体でサービス目標を定め、メンバー一人ひとりの日々のサービスが上手く遂行できて、各々のサービス行動に進歩を感じるようにサポートすることが必要である。本書で紹介した、客室乗務員の**「察しのスキル」形成の学習モデル**（第3章、39頁）、**「察しのスキル」形成を促進する職場のサポート**（第3章、42頁）を介して、**「察しのスキル」を構成する3つのスキル**（第3章、46頁）を習得するようになるだろう。また、**察しのスキルを生み出すフロントラインスタッフの効果的な5つの行動**（第3章、47頁）を、現場で日々取り組み実践することで、「察しのスキル」を獲得することができるだろう。そして、**「察しのスキル」を育む職場環境を構築する4つの行動**（第3章、51頁）が、「察しのスキル」を獲得へと導くようになるだろう。

また、重要な点は、「察しのスキル」を獲得する人は、周囲の人たちのスキルを伸ばせる人である。「察しのスキル」形成の学習プロセスでは、チームで活発なコミュニケーションを図り、良好な対人関係の確立を促し、協調的なサービスに取り組み、共に自発的な内省を通して、尊重と信頼関係の獲得を行い、学習しながら前進して、周りの人々の「察しのスキル」を高めることが出来るようになる。本書で導かれたこれらの法則は、ホスピタリティサービス組織の誰にでもあてはめることができるだろう。

2　ホスピタリティサービス創出のメカニズムへの貢献

本書のホスピタリティサービス創出への貢献として、以下の4点を挙げたい。第一に、ホスピタリティサービスを創出する、客室乗務員の「察しのスキル」獲得のメカニズムに焦点を当てた先駆的な著書となっていると考えられる。組織行動理論および人的資源管理理論の観点から、客室乗務員の職務行為である「察し」を、ホスピタリティサービスの実践に関わる重要な接客スキルと位置付けて、「自己本位の視点」から「非ルーティン型察し」の獲得へと至る一連のプロセスをとる、「察しのスキル」形成の学習プロセスと学習成果との因果関係を客観的に示した。これまでホスピタリティサービスの提供は、フロントラインスタッフ個人の知識や経験に依存しており、客室乗務員の特定のスキルの習得課程における、上司、同僚、乗客の多様な他者との関係性については、十分に検討されてこなかった。本書では、「察しのスキル」の獲得の文脈には、職場の「重要な他者」との信頼関係の強化が不可欠であるという、「察しのスキル」形成の学習プロセスについて、体系的な枠組みを提示した初めての研究であり、ホスピタリティマネジメント研究に寄与するものと考えられる。

第二に、サービス組織における経験学習理論の理論的理解の発展に貢献になると考えられる。客室乗務員の乗務経験を通じた「察しのスキル」形成の学習プロセスについて、経験学習モデル［Kolb 1984］を分析の視点として、客室乗務員は、現場でのサービス提供の多種多様な経験を通して、失敗や成功を内省し、新たなサービスの手法として積極的に取り入れる学習が生起される。このように品質の高いサービスの実践が、「察しのスキル」の知識を生みながら、その形成へとつながると共に、反省的思考の能動的な経験学習のプロセスの中で段階的に「察しのスキル」が習得されることを明らかにした。

第三に、Deci の自己決定理論の応用範囲を広め、インナーワークライフ理論の精緻化に貢献した点である。本書では、客室乗務員の職場における上司、同僚、乗客の関係性支援が、「察しのスキル」形成を促す重要な支援要因であることを示した。これまで、組織における上司の自律性支援に焦点を当て、その効果を明らかにした複数の研究はあるが、関係性支援に関してはほとんど検証されてこなかった。本書において、客室乗務員の「察しのスキル」形成を促進する職場の「重要な他者」の関係性支援が、**「察しのスキルサポート」**から、**「対人配慮サポート」**へとその支援形態を変容させて、客室乗務員の「察し」の行動の内面化に影響を及ぼし、「察しのスキル」の成長を促して獲得へとつながる。また Ryan and Deci〔2000〕は、外発的に動機付けられた行動をはじめに引き起こすのは、職場の「重要な他者」によって価値付けられた行動であり、行動の価値の内面化の初期段階では、関係性支援が中心的な役割を果たすことを明らかにしている。だが、客室乗務員の「察しのスキル」形成の学習プロセスでは、**「ルーティン型察し形成期」**および**「非ルーティン型察し形成期」**の2つの段階的な形成期を通じて、職場の「重要な他者」のサポートが「察しのスキル」の初期段階から獲得へと至るまで、影響を及ぼす重要な支援である。

第四に、客室乗務員の「察しのスキル」獲得の背景には、職場の上司、同僚、乗客との関係性の強化を媒介して、「重要な他者」との信頼関係を獲得へと促すことが明らかになった。この事実の発見は、一般のサービス組織においても、職場の「重要な他者」との信頼関係の獲得が、「察しのスキル」形成を促進する重要な要因であることを示唆している。つまり、フィードバック等の職場の他者支援が「察しのスキル」形成を促進する重要な要因であり、組織側から日常的にフィードバックを与えることが必要である。具体的には、**「ルーティン型察し形成期」**では、フロントラインスタッフにフィードバックを都度ごとに伝え、意識を高めることが重要である。一方で、ネガティブなフィードバックは誰から受けるかによって、初期のフロントラインスタッフの「察しのスキル」形成を低下させる可能性があり、伝え方を十分に検討することが重要である。また、**「非ルーティン型察し形成期」**では、実力に基づく「察しのスキル」を実践している点から、実績の高いフロントラインスタッフには、適切な評価の仕組みを設けて、表彰等の正当な評価を行い、ロールモデルとして周知させ、そのプロ意識の醸成を促すことが、ハイパフォーマーの人材育成につながるものである。

3　察しのスキル創造への課題

本書の「察しのスキル」に関する課題を3点指摘しておく。第一に、調査協力者の回答バイアスの可能性である。本書では、対象者の過去の出来事の回想から得られた回顧的データを用いているが、主観的な経験を測定するには回想に頼るしかなく、得られたデータの信頼性にはある程度の限界が伴い、回答にバイアスがかかっている可能性がある点は否定できない。経験学習の先行研究の多くがこの手法を用いているのが現状であり、経験学習の研究全般に関わる課題であるといえる。だが、客室乗務員の乗務経験を通じた「察しのスキル」形成のプロセスを探ることは、定量的な分析では難しく、得られたデータの信頼性について一定の限界を認めつつ、実践的な示唆が得られたことは重要であると考える。

第二に、本書では、客室乗務員の乗務経験を通じた「察しのスキル」形成のプロセスの解明に焦点を当てており、その形成を促進する要因については十分に明らかにできていない。これからもサービス組織の競争が激化することが予想され、持続可能な競争優位を実現する、和のホスピタリティサービス・マインドを基本としたサービス提供者の育成は、重要な課題であると考えられる。今後はさらに広く検証を行い、専門性の高いフロントラインスタッフの「察しのスキル」形成を促進する要因を一般化する必要があると考える。

第三に、特定の航空会社に勤務する客室乗務員のみを対象としており、男性が2割で、女性が8割を占め男女比に偏りがあり、理論的に導出された仮説の検証は限られた範囲でしか行われていないため、本書で明らかになった事柄が他のサービス組織全般のサービス提供者の「察しのスキル」形成に対して有効であるかは断定できない。今後、本研究で得られた知見を参考に、他の職種のサービス提供者にも対象を広げ、職務経験を通じた「察しのスキル」形成の学習プロセスについての研究が必要であるだろう。

注

(1) 職場における多様な他者からのフィードバックは、「察しのスキル形成」のプロセスにおいて、自己本位の視点を除くすべてのカテゴリーに確認される概念であることが本書の検証の結果で明らかになった。

あとがき

今日のサービス業界では、上質なホスピタリティサービスを実践する、専門性の高いスキルや知識の活用を必要としている。特に、サービス提供の現場では、個々の顧客の期待や要望を瞬時に考えて判断し、期待以上のサービスが実践できるかどうかが重要である。

本書が紹介した客室乗務員の乗務経験の出来事の中には、マニュアルを想定しない出来事に遭遇して、失敗や困難などの過酷な状況下で、個人というよりチームで一致団結して問題対処に取り組む中で、「察しのスキル」の獲得を促す新たなアイデアを創造し、それをチームで共有して実行することで、有意義な学びを得て「察しのスキル」の品質を高め、効果的に成長させることを見てきた。失敗や困難から学習することは、「察しのスキル」の獲得には欠かせない要素であり、それは、「察しのスキル」の幅を広げることができる。

上質なホスピタリティサービスを提供する実践的な現場では、人々が協働してサービスに取り組むためには、心理的に安全な職場環境を整えることが重要になる。失敗や困難など、様々なハプニングが起こるサービス提供の場では、顧客の置かれた状況を的確かつ瞬時に判断し、その瞬間にできる最善のサービスを実践することが必要となる。特に、大きな失敗からクレームにつながる出来事が起こり、マニュアルを想定しない出来事が起こる場合では、職場において心理的に安心できる環境を整えることが不可欠になる。

心理的に安全な職場環境では、従業者に失敗を避けることよりも、それを認めて指摘することを奨励する。こうした環境下でのみ、人は仕事を実行するのに必要なリスクを取ることができるようになる。職場で「重要な他者」との尊重と信頼関係を獲得することで、人は失敗を克服して学び前進することができる。こうした安全な人間関係のある職場環境では、より優れたパフォーマンスと仕事の創造性を発揮することが報告されている［Edmondson 1999; Khan 1990; Tyler and Lind 1992］。こうした失敗からの学びを奨励する職場環境や組織文化を構築するには、組織のマネジメントやチームリーダーの役割が重要になる。

筆者は今後、サービス組織における、ホスピタリティサービスの実践に焦点を当てた、プロフェッショナルなフロントラインスタッフの人材育成や職場環境に関する研究をさらに続けていきたいと考えている。これから、ホスピタリティサービスを生みだす人材を増やすには、サービス組織や教育機関における学習はどのようにあるべきなのか、「察しのスキル」を獲得した人が、その経験を活かして活躍していくためには、これから、サービス組織がどのようなことに取り組むべきか。それを解明するために、継続的な研究に加え、ワークショップやコンサルティングなど、現場における課題の解決に向けた実践にも積極的に取り組むつもりである。ホスピタリティサービス創出のメカニズムやそれを実践するサービススキルに関する実証研究は、まだ圧倒的に不足しており、今後の研究蓄積が待たれるところである。

本書の執筆にあたり、お世話になったすべての方々に、心からの感謝の言葉を添えて御礼を申し上げたい。まず、何よりも最初に、インタビュー調査にご協力下さった航空会社の13名の客室乗務員の皆様に心から御礼を申し上げる。多忙なスケジュールの中、貴重な時間を割いてインタビューを快く受け入れて下さった、世界を飛び交う客室乗務員の方々は、多様な職務経験について実直に語って下さった。皆様のご厚意がなければ、本書で紹介した発見の数々は存在しておらず、個人情報の保護を約束しているため、それぞれのお名前を記すことはできないが、深く感謝申し上げる。

本書の基となった学位論文の審査にあたっては、同志社大学大学院総合政策科学研究科の指導教員であり、主査を務めてくださった藤本哲史教授による熱心かつ丁寧なご教授とサポートがなければ、私のこれまでの研究と本書は実現しなかった。心より深謝し御礼を申し上げる。副査である久保真人教授には、博士前期課程以来、これまでの長い間、私の研究テーマに共に関わって下さり、貴重なご助言を頂いた。感謝の念に堪えません。また、川口章教授には、つねに有益かつ的確なコメントをいただいた。心より感謝申し上げます。そして、博士前期課程でお世話になった、井口貢教授、多田実教授、武蔵勝宏教授から受けた、多岐の分野にわたるご教示は、私の現在の研究へとつながる、ひとかたならぬご高配を賜った。かけがえのない学びとなったことを御礼の申し上げようもございません。そして、木下健准教授は、「研究する」ことをご丁寧にご指導いただき、つねに思慮深いご助言をいただいた。誠にお世話になりました。

また、研究を共にした諸先輩や仲間たちからは、有意義なアドバイスや励ましを得ることができ、共に学び合えたことは、かけがえのない財産である。本書の刊行に際して、大変お世話になった晃洋書房の丸井清泰氏、坂野美鈴氏には、この本をここまで出版へと導いて下さり厚く御礼申し上げる。最後に、いつも深い思いやりで励まし、応援してくれた友人たちや不断の家族のサポートに、感謝の気持ちでいっぱいである。

2023年2月

森　きょうか

索　引

アルファベット

M-GTA（Modified Grounded Theory Approach）　7

ア行

アイコンタクト　46, 93-95
インナーワークライフ　43, 44, 58, 139
——の質　44
——理論　44, 139
ウィズコロナ　iv
栄養ファクター　43, 57
思いやり　i, 3, 23, 24, 26, 28, 46, 54, 62, 88, 136

カ行

回顧式インタビュー調査法　5, 6
関係性　3, 12, 14, 21, 24, 42, 43, 45, 48, 50, 105, 132, 136, 139, 140
——重視　17-19
——の強化　14, 50, 136, 140
関係性支援　9, 11, 12, 42-44, 49, 57, 133, 140
観察　26, 36, 46, 56, 71, 90
感情能力　46
気配り　iii, 25, 62
技術的なサポート　45, 90
基本的心理欲求　42
キャリアステージ　30, 106
共感性　46, 51, 54, 62, 80, 81, 84-86, 109, 112, 114
協調　33, 36, 81, 82, 97, 118, 120
協働　54, 64, 66, 116, 117, 145
協同関係　85, 131
共有　18, 50, 52, 53, 63, 102, 103, 114, 117, 118, 145
均一化　61
具体的経験　39, 40
グローバルな視野　37
グローバルな職場環境　34
経験学習のサイクル　39, 41, 55
経験学習モデル　39, 139
経験学習理論　139
経済産業省　2, 14
現状認知　75, 130, 131
建設的な批判　48
航空会社の職場環境　8, 10, 11, 51, 56, 67, 82, 117, 131
行動性重視　17-19
行動調整　50
行動の価値の内面化　12, 42, 43, 45, 57, 140
効率化　61, 78
声がけ　46, 62, 72-74, 92-96, 105, 110, 121
顧客志向　79, 109, 111, 135, 136
顧客志向のサービス　25, 34, 36, 69, 77, 79, 85, 101, 106, 130, 131
顧客視点　66, 71, 75, 76, 78
顧客のニーズ　1, 14, 17
顧客の満足感　ii, 2, 14, 25, 26, 66, 76
心配り　iii, 3, 18, 24, 37
個別化　62
コミュニケーション　20-22, 28, 30-37, 46-48, 66, 76, 85, 103, 106, 138
コミュニケーションスキル　46
コミュニケーションの手法　3, 20, 22, 28
コロナ　iv

困難な業務　118, 120
困難な経験　54

サ行

サービス　1, 55, 61, 63, 66, 106, 116
　――・イノベーション　2, 13, 27
　――エンカウンター　ii, 2, 24, 25
　――経験　34, 43, 79, 109, 111, 114, 126, 130, 136, 137
サービス提供業務　10, 59
サービス提供要員　60, 61
サービスの流れ　98
サービス品質　25, 93, 136
サービスの文化的差異　107
サービスの無形性　2, 14, 27
サービス目標　63, 92, 96, 137
サービススキル　ii, 2, 14, 15, 24, 26, 27, 37, 66, 73, 95, 104, 109
サービス行動　ii, 15, 20, 40, 50, 55
サービス行動の進歩　44, 55, 89, 127, 133
サービス行動の調整　40
最上のもてなし　ii , 3, 23, 24
最善の対処法　111
裁量　52, 62
察し　ii, 20, 24, 28
「察し」の行動　15
「察し」の行動の価値の内面化　43
察しのコミュニケーション　20, 21, 28
察しのスキル　ii, iii, 3, 8, 12, 26, 37-40, 44-48, 51-56, 87, 89, 109, 126, 127, 133, 134, 136-139
察しのスキル形成　10, 11
察しのスキル形成の学習プロセス　4, 6, 8, 10, 51, 52, 87, 130-132, 138-140
察しのスキル形成の学習モデル　4, 39-41
茶道の精神　3, 19, 22, 24
自己決定理論　139
自己効力感　52, 105
仕事の進捗　43
仕事の遂行能力　76, 77
仕事の領域　54, 62, 117, 122
自信　91, 96, 97, 99, 122, 136
実践知　4, 50, 52, 106
失敗　54, 56, 98, 115, 145
自発的なサービス　62, 99, 109, 134, 135
自発的な内省　40, 47, 48, 50, 55, 56, 106, 109, 115, 138
修正版グラウンデッド・セオリー・アプローチ　7
重要な他者　8, 11, 26, 42-45, 50, 87, 120, 126, 127
乗客の期待や要望　2, 26, 76, 80, 106, 109, 117
乗客の本音　78, 106
上質なホスピタリティサービス　ii, iv, 3, 8, 14, 15, 27, 66, 68
上司の自律性支援　43, 139
乗務経験　10, 40, 52, 55, 69, 87, 126
触媒ファクター　43
職場のサポート　4, 8, 11, 45, 55, 126, 133, 134
職務経験　8, 11, 39, 41, 69, 87
職務態度　42
職務満足感　42
自律性　37, 42, 103
　――の欠如　99
人材育成　9, 67, 141
人的資源管理論　138
信頼関係　ii, 47-51, 56, 80-82, 84, 85, 130-132, 136, 138-140, 146
推察　iii, 21, 46, 26, 28, 90, 94
精神性重視　17-19
積極的な会話　66

早期解決　82, 118
相互依存　43, 117, 135
　——の関係　48
相互に褒める職場環境　66
組織効果　42
組織行動理論　138
組織的意向　61, 78
組織文化　11, 51, 67, 146
尊重　50, 51, 56, 66, 67, 84, 138, 146

タ行

対人関係　iii, 43, 44
対人関係の維持　3, 21, 28
対人関係の質　2, 25
対人的なサポート　45, 90, 120
対人能力　33, 36, 37
対人配慮サポート　44, 45, 55, 90, 119, 120, 122, 127, 133, 134, 136
対面型のサービス　iv
他者志向　21
チームリーダー　48, 56, 91, 133, 146
チーム力　67
チームワーク　66, 67, 116-118
　——のサービス　49
茶の湯のもてなし　ii, 3, 15, 19, 22-24, 27
抽象的概念化　39
同僚へのフォロー　82

ナ行

内省的観察　39, 40
仲間の支え　67
仲間の励まし　120-122
認知能力　46
能動的実験　39

ハ行

ハイパフォーマー　141
配慮　ii, 2, 21, 23, 25, 26, 28, 46, 55, 56, 90, 97, 127
半構造化面接　5
批判的な考察　50
非ルーティン型サービス　61, 62, 80, 86, 87, 89
非ルーティン型察しのスキル　61, 62, 68, 87, 89, 90, 119, 120, 122, 124, 126, 127, 130, 131, 133, 134, 136
非ルーティン型察しのスキル形成期　44, 45, 80, 87, 89, 90, 127, 130-135, 140, 141
俯瞰的視点　71, 74, 130
ブリーフィング　50, 63, 100, 103
プロフェッショナル　1, 27, 120
フロントラインスタッフ　i, ii, 2, 15, 24, 27, 56
保安業務　10, 59
保安要員　59-61
ホスピタリティサービス　i, vi, 1, 3, 8, 15, 20, 27
ホスピタリティの概念　1, 3, 15, 24, 27
ホスピタリティマネジメント　ii, 1, 139

マ行

マニュアル　14, 61, 62, 106, 112, 145
マニュアルを超えたサービス　112
マネジメント　9, 10, 51, 52, 55, 56
目配り　iii

ヤ行

予想できない出来事　106
寄り添う　26, 51, 80, 96, 111, 122, 124, 126, 131, 136

ラ行

ライフイベント　114
リーダーシップ　48, 52, 66, 79, 81
リーダーシップ行動　52
リーダーシップの発揮　66
利他的志向　iii, 26, 34, 37, 38, 122, 125, 126, 136
臨機応変　iii, 26, 80, 102, 107, 116, 117, 133, 135
ルーティン型サービス　8, 25, 61, 62, 69, 71, 72, 77-79, 87, 109, 116, 131, 135
ルーティン型察しのスキル　61, 62, 76, 77, 87, 89, 90, 98, 99, 114, 126, 127, 133-135
ルーティン型察し学習期　68-71, 87, 130, 132
ルーティン型察し形成期　76, 87, 89, 90, 127, 130-134, 140
ロールモデル　34, 71, 72, 100, 101, 130, 141

ワ行

ワークモチベーション　43, 44, 52, 98, 103, 106
和のホスピタリティサービス・マインド　80, 86, 88, 126, 130, 134, 136, 142

参考文献

《日本語文献》
石井敏［1996a］「対人関係と異文化コミュニケーション」，古田暁監修・石井敏・岡部朗一・久米昭元編『異文化コミュニケーション新・国際人への条件 改訂版』121-37，有斐閣.
石黒武人［2006］「多文化と表現することの妥当性について一多文化か，それとも，異文化『異文化コミュニケーション論集』4，123-33.
内田由紀子・北山忍［2001］「思いやり尺度の作成と妥当性の検討」『心理学研究』72(4)，275-82.
樫村妙子・古屋秀樹［2010］「キャビンアテンダントのサービスクオリティに関する研究――社会心理学視点によるキャビンアテンダントと乗客とのインタラクションに着目して」『東洋大学大学院紀要』47，103-20.
岸田さだ子［2011］「ホスピタリティ概念の類型化と現代的意義」『甲南女子大学研究紀要』48，31-38.
木下康仁［1999］『グラウンデッド・セオリー・アプローチ――質的実証研究の再生』弘文堂.
――――［2003］『グラウンデッド・セオリー・アプローチの実践――質的研究法への誘い』弘文堂.
――――［2007a］『ライブ講義－M-GTA 実践的質的研究法――修正版　グラウンデッド・セオリー・アプローチのすべて』弘文堂.
――――［2007b］「修正版　グラウンデッド・セオリー・アプローチ（M-GTA）の分析技法」『富山大学看護学会誌』6，1-10.
古閑博美［2003］『ホスピタリティ概論』学分社.
近藤隆雄［2012］『サービス・イノベーションの理論と方法』生産性出版.
鈴木皓詞［2002］『茶の湯からの発信』清流出版.
千宗左［2001］『茶の湯随想』主婦の友社.
角山栄［2005］『茶ともてなしの文化』NTT 出版.
手塚千鶴子［1995］「異文化間対人関係」渡辺文夫編『異文化接触の心理学』川島書店.
内閣府［2018］「平成 2017 年度の国民経済計算年次推計，推計の結果，結

果の概要」内閣府ホームページ（https://www.esri.cao.go.jp/jp/sna/data/data_list/kakuhou/files/h29/sankou/pdf/seisan_20190405.pdf，2018 年 12 月 14 日閲覧）.
中島秀之［2006］「構成的情報学と AI」『人口知能学会誌』21(6)，747-57.
野村佳子［2010］「サービス品質とホスピタリティのメカニズム」『国際広報メディア・観光学ジャーナル』10，73-89.
服部勝人［2008］『ホスピタリティ学のすすめ』丸善.
林吉郎［1994］『異文化インターフェイス経営』日本経済新聞社.
星野克美［1991］『もてなし文化・ルネッサンス――新・日本型サービスをどう創造するか』サントリー不易流行研究所.
森きょうか［2019］「職務経験を通じた察しのスキル学習プロセスに関する事例研究：航空会社の客室乗務員に着目して」（2019 年 5 月，査読付き）『同志社政策科学研究』21(1)1，77-92.
森きょうか［2021］「航空会社のホスピタリティ――察しのスキル形成に関する研究」同志社大学大学院総合政策科学研究科博士学位論文（2021 年 8 月）.
安田彰［2012］「もてなし――その系譜と構造」『ホスピタリティ・マネジメント』3，63-74.
山上徹［2001］『ホスピタリティ・観光辞典』白桃書房.
力石寛夫［1997］『ホスピタリティ・サービスの原点』商業会.

《外国語文献》

Amabile, T., and Kramer, S.［2011］*The Progress Principle: Using Small Wins to Ignite Joy, Engagement, and Creativity at Work*, Harvard Business Press（樋口武志訳『マネージャーの最も大切な仕事』英治出版，2017 年）.
Babbar, S., and Koufteros, X.［2008］“The Human Elements in Airline Service Quality: Contact Personal and the Customer,” *International Journal of Operations and Production Management,* 28(9), 804.
Baumeister, R.F., and Leary, M.R.［1995］“The Need to Belonging: Desire for Interpersonal Attachments as Fundamental Human Motivation,” *Psychological Bulletin,* 117(3), 497-529.
Brotherton, B.［1999］“Towards a Definitive View of the Nature of Hospitali-

ty and Hospitality Management," *International Journal of Contemporary Hospitality Management,* 11(4), 165-73.

Connell, J.P. [1990] *Contexts, Self and Action: A Motivational Analysis of Self-System Processes Across the Life Span,* University of Chicago Press.

Davies, J., and Easterby-Smith, M. [1984] "Learning and Developing from Managerial Work Experience," *Journal of Management Studies,* 21(2), 169-83.

Deci, E.L. [1975] *Intrinsic Motivation,* Plenum Press.

Deci, E.L., and Ryan, R.M. [1980] "The Empirical Exploration of Intrinsic Motivational Processes," in Gawronski, B. ed. *Advances in Experimental Social Psychology,* Academic Press.

——— [1991] "A Motivational Approach to Self: Integration in Personality," in Dienstbier, R.A. ed., *Perspectives on Motivation* (*Nebraska Symposium on Motivation, 1990*), 237-88, University of Nebraska Press.

——— [2000] "The 'What' and 'Why' of Goal Pursuits": Human Needs and The Self-Determination of Behavior, *Psychological Inquiry,* 11(4), 227-68.

Drucker, P.F. [1955] *The Practice of Management,* Heinemann（現代経営研究会訳『現代の経営』自由国民社，1956年）.

Edmondson, A. [1999] "Psychological Safety and Learning Behavior in Work Teams," *Administrative Science Quarterly,* 44(2), 350-383.

Ericsson, K.A., and Simon, H.A. [1993] *Protocol Analysis* (Revised Edition), *Overview of Methodology of Protocol Analysis,* The MIT Press.

Gagné, M., and Deci, E.L. [2005] "Self-Determination Theory and Work Motivation," *Journal of Organization Behavior,* 26(4), 331-62.

Glaser, B., and Strauss, A. [1967] *The Discovery of Grounded Theory: Strategies for Qualitative Research,* Aldine Publishing.

Hochschild, A.R. [1983] *The Managed Heart: Commercialization of Human Feeling,* University of California Press（石川准・室伏亜希訳『管理される心――感情が商品になるとき』世界思想社，2000年）.

Hoyrup, S. [2004] "Reflection as a Core Process in Organizational Learning," *Journal of Workplace Learning,* 16(8), 442-54.

Ishii, S. [1984] "Enryo-Sasshi Communication: A Key to Understanding Jap-

anese International Relations," *Cross-Cultural Communication,* 1, 49-58.
Jarvis, P. [1995] *Adult and Continuing Education,* Routledge.
Kahn, W.A. [1990] "Psychological Conditions of Personal Engagement and Disengagement at Work," *Academy of Management Journal,* 33(4), 692-724.
Khan, U., and Khan, N. [2014] "Customer Satisfaction in Airline Industry," *International Proceedings*
of Economics Development and Research, 76(12), 63-67.
Kolb, D.A. [1984] *Experiential Learning: Experience as the Source of Learning and Development,* Prince Hall.
Kotler, P. [1980] *Principles of Marketing,* Prentice-Hall.
Kotler, P. and Keller, K.L. [2006] *Marketing Management* (Twelfth Edition), Prentice Hall (恩藏直人監修，月谷真紀訳『コトラー アンド ケラーのマーケティング・マネジメント　第12版』ピアソン・エデュケーション，2008年).
Lashley, C. [2000] *In Search of Hospitality: Theoretical Perspective and Debates,*Butterworth-Heinemann.
Levitt, T. [1962] *Innovation in Marketing: New Perspectives for Profit and Growth,* McGraw-Hill.
Lombardo, M.M., and Eichinger, R.W. [2010] *The Career Architect: Development Planner* (Fifth Edition), Prentice Hall.
Lovelock, C.H., and Wright, L. [1999] *Principle of Service Marketing and Management,* Prince Hall.
Marsick, V., and Watkins, K. [1990] *Informal and Incidental Workplace Learning,* Routledge.
Morrison, A.J., and O'Gorman, K.D. [2006] "Hospitality Studies: Liberating the Power of the Mind," *CAUTHE 2006: To the City and Beyond,* 453-65.
Nameghi, E.N., and Ariffin, A.A.M. [2013] "The Measurement Scale for Airline Hospitality: Cabin Crew's Performance Perspective," *Journal of Air Transport Management,* 30, 1-9.
Rathmell, J.M. [1966] "What is Meant by Services?" *Journal of Marketing,* 30(4), 32-36.
Ryan, R.M., and Deci, E.L. [2000] "Intrinsic and Extrinsic Motivations: Clas-

sic Definitions and New Directions," *Contemporary Educational Psychology*, 25(1), 54-67.

Riddle, D. [1992] "Leveraging Cultural Factors in International Service Delivery," *Advances in Services and Marketing and Management,* 1(1), 297-332.

Sasser, W.E., Olsen, R.P., and Wyckoff, D.D. [1978] *Management of Service Operations,* Allyn and Bacan.

Schmitt, B., and Pan, Y. [1994] "Managing Corporate and Brand Identities in the Asia-Pacific Region," *California Management Review,* 77, 32-48.

Shostack, L.G. [1977] "Breaking Free from Product Marketing," *Journal of Marketing,* 41(2), 73-80.

Skinner, E., and Belmont, M.J. [1993] "Motivation in the Classroom: Reciprocal Effects of Teacher Behavior and Student Engagement across the School Year," *Journal of Educational Psychology,* 85, 571-81.

Strombeck, S., and Wakefield, K. [2008] "Situational Influence on Service Quality Evaluations," *Journal of Service Marketing,* 22, 409-19.

Travis, C. [1998] "*Omoiyari* as a Core Japanese Value: Japanese-Style Empathy?" in Angeliki, A., and Elizbieta, T. eds., *Speaking of Emotions: Conceptualization and Expression,* 51-81, Mouton de Gruyer.

Tyler, T.R., and Lind, E.A. [1992] "A Relational Model of Authority in Groups," in *Advances in Experimental Social Psychology* (Vol. 25, pp.115-191), Academic Press.

Vargo, S.L., and Lusch, R.F. [2004] "Evolving to a New Dominant Logic of Marketing," *Journal of Marketing,* 68(1), 1-17.

《著者紹介》

森　きょうか（もり　きょうか）

同志社大学文学部卒業.
同志社大学大学院総合政策科学研究科博士課程（前期課程）首席修了．修士（政策科学）.
同志社大学大学院総合政策科学研究科技術・革新的経営専攻一貫性博士課程（後期課程）修了，博士（技術・革新的経営）.

同志社大学文学部卒業後，大手航空会社に客室乗務員として入社．国際線勤務を経て，ビジネスクラス，ファーストクラス，世界のVIP顧客やトップ経営者など一流の顧客を担当する．新人の指導育成，インバウンド客に向けた日本文化特有のもてなしなどホスピタリティ・サービスに関わるプロジェクトチームメンバーに選ばれる．国内外の顧客からの機内サービスへの褒詞により，社内のサービス優秀賞を幾度も受賞，社長褒賞など数々の賞を授受.

上質なホスピタリティサービスを提供する
「察しのスキル」
――客室乗務員はなぜ寄り添うことができるのか――

2023年12月10日　初版第1刷発行　　＊定価はカバーに表示してあります。

著　者　森　きょうか©
発行者　萩　原　淳　平
印刷者　藤　原　愛　子

発行所　株式会社　晃　洋　書　房
〒615-0026　京都市右京区西院北矢掛町7番地
電話　075-312-0788番㈹
振替口座　01040-6-32280

装丁　(株)クオリアデザイン事務所　　印刷・製本　藤原印刷㈱
ISBN978-4-7710-3758-8